Die in den Sitzungsberichten Abt. I und Abt. II der math.-nat. Klasse der Österr. Akad. d. Wiss. erscheinenden Abhandlungen werden auch einzeln abgegeben. Sie können durch jede Buchhandlung oder direkt durch die Auslieferungsstelle der Österreichischen Akademie der Wissenschaften (Wien I, Singerstraße 12) bezogen werden.

Nachfolgende Abhandlungen aus den Fächern **Mathematik** und **Technik** sind erschienen:

1950 (1950) (S II a, Bd. 159):

Hohenberg F.: Zur Geometrie des Funkmeßbildes (mit 2 Abbildungen). 14 Seiten. S 12.40

Jarosch W.: Matrizenbänder. 14 Seiten. S 5.20

Schmid H.: Fehlertheorie der gegenseitigen Orientierung von Luftbildern und Zugrundelegung eines Orientierungspunktgitters (mit 13 Abbildungen), 31 Seiten. S 28.40

1951 (S II a, Bd. 160):

Hohenberg F.: Komplexe Erweiterung der gewöhnlichen Schraubenlinie (mit 1 Abbildung), 14 Seiten. S 7.80

Huber A.: Das Verhalten der Integrale der Gibbs-Duhem-Margules'schen Gleichung für binäre Gemische in der Umgebung ihrer festen singulären Stellen (mit 3 Abbildungen), 16 Seiten. S 10.50

Krames J.: Zur Geometrie der gegenseitigen Einpassung von Luftaufnahmen (mit 4 Abbildungen), 15 Seiten. S 7.--

Parkus H.: Wärmespannungen in Rotationsschalen mit drehsymmetrischer Temperaturverteilung (mit 1 Abbildung), 13 Seiten. S 7.50

Ströher W.: Zur projektiven Differentialgeometrie ebener Kurven, 8 Seiten. S 6.—

Wunderlich W.: Zur Differenzengeometrie der Flächen konstanter negativer Krümmung (mit 8 Abbildungen), 38 Seiten. S 16.—

1952 (S II a, Bd. 161):

Federhofer K.: Über die Eigenschwingungen der Kreiszylinderschale mit veränderlicher Wandstärke 16 Seiten. S 14.80

1953 (S IIa, Bd. 162):

Nöbauer W.: Über Gruppen von Restklassen nach Restpolynomidealen. S 19.40

Vietoris L.: Der Richtungsfehler einer durch das Adamssche Interpolationsverfahren gewonnenen Näherungslösung einer Gleichung $y' = f(x, y)$. S 8.80

Vietoris L.: Der Richtungsfehler einer durch das Adamssche Interpolationsverfahren gewonnenen Näherungslösung eines Systems von Gleichungen $y' = f_k(x, y_1, y_2 \ldots y_m)$. S 8.80

Wunderlich W.: Über die ebenen Loxodromen (mit 2 Abbildungen). S 6.30

1954 (S II, Bd. 163):

Federhofer K.: Die durch pulsierende Axialkräfte gedrückte Kreiszylinderschale. S 13.40

Raher W. und Selig F.: Die Verwendung der Motorsymbolik in der theoretischen Mechanik S 17.80

1955 (S IIa, Bd. 164):

Federhofer K.: Zur Kinematik des Schleifkurvengetriebes (mit 5 Abbildungen). S 11.—

Ströher W.: Über einen gewissen Typus von Differentialinvarianten der projektiven und der apollonischen Gruppe der Ebene. S 28.40

Wunderlich W.: Doppelloxodromen mit schneidendem Achsenpaar (mit 6 Abbildungen). S 22.50

ISBN 978-3-662-23648-2 ISBN 978-3-662-25732-6 (eBook)
DOI 10.1007/978-3-662-25732-6
Softcover reprint of the hardcover 1st edition 1964

Geometrische und elementare metrische Sätze über den Jacobischen Algorithmus

Von

Fritz Schweiger (Wien)

(Vorgelegt in der Sitzung am 18. Juni 1964)

Einleitung

In einer Arbeit von Person (siehe [1] im Literaturverzeichnis am Ende der Arbeit) wird der Kalkül der von Jacobi entdeckten und nach ihm benannten Kettenbrüche, deren wichtigste arithmetische Eigenschaften, und anschließend eine Theorie der periodischen Jacobischen Kettenbrüche (für Neueres auf diesem Sektor siehe etwa die Arbeiten von L. Bernstein in Crelles Journal, Bd. 213) entwickelt. In meiner Arbeit verwende ich nur die Grundeigenschaften dieses Kalküls: die 1-1-deutige Darstellbarkeit eines n-tupels reeller Zahlen zu gewissen n-fachen Zahlenfolgen und die Konvergenz der Näherungsbrüche. Diese Arbeit stellt einige elementargeometrische Sätze über die Zerlegung des Einheitswürfels in gewisse durch den Algorithmus bestimmte Bereiche und metrische Abschätzungen übe das Maß gewisser Mengen im R^n, deren Elemente gewissen Bedingungen in der Jacobischen Entwicklung genügen, dar. Letztere Fragen werden wahrscheinlich auch in einer in den Monatsheften erscheinenden Arbeit fortgesetzt behandelt. In § 7 bringe ich eine Anwendung auf die Volumsapproximation durch Jacobialgorithmen.

An dieser Stelle sei noch Herrn Dozent W. Schmidt für die Anregung zu dieser Arbeit und wertvollen Hinweise mein herzlichster Dank ausgesprochen. Ebenso danke ich noch Herrn Prof. E. Hlawka, der diese Arbeit der Akademie der Wissenschaften vorgelegt hat.

§ 1. Darstellung des Jacobischen Algorithmus durch Transformationen im projektiven Raum

Es soll versucht werden, eine einfachere Darstellung des Kalküls zu geben. Bekanntlich geht man von einem n-tupel reeller Zahlen

$\alpha = (\alpha_1, \ldots, \alpha_n)$ aus und wendet einen verallgemeinerten euklidischen Algorithmus an. Man erhält so ein System der Gestalt:

$$\alpha_1 = a_1 + \frac{1}{\alpha_n{}'}, \, \alpha_2 = a_2 + \frac{\alpha_1{}'}{\alpha_n{}'}, \ldots, \alpha_n = a_n + \frac{\alpha_{n-1}{}'}{\alpha_n{}'}$$

$$\alpha_1{}' = a_1{}' + \frac{1}{\alpha_n{}''}, \, \alpha_2{}' = a_2{}' + \frac{\alpha_1{}''}{\alpha_n{}''}, \ldots, \alpha_n{}' = a_n{}' + \frac{\alpha_{n-1}{}''}{\alpha_n{}''}$$

$$\cdots\cdots\cdots\cdots\cdots\cdots\cdots\cdots\cdots\cdots\cdots\cdots$$

Faßt man die $(\alpha_1 \ldots \alpha_n), (\alpha_1{}', \ldots, \alpha'_n), \ldots$ als Koordinaten von Punkten α, α' usw. im n-dimensionalen Raum R^n auf, so stellen obige Gleichungen ein System linear-gebrochener Transformationen im R^n dar. Es ist daher naheliegend, zum projektiven Raum S^n überzugehen, wo wir lineare Transformationen erhalten.

Führen wir die Substitutionen

$$\alpha_i{}^{(\nu)} = \frac{\beta_i{}^{(\nu)}}{\beta_0{}^{(\nu)}} \qquad \left(\alpha_i{}^{(0)} = \alpha_i = \frac{\beta_i}{\beta_0}\right)$$

aus, so erhält man

$$\frac{\beta_1}{\beta_0} = \frac{a_1 \beta_n{}' + \beta_0{}'}{\beta_n{}'}, \ldots, \frac{\beta_n}{\beta_0} = \frac{a_n \beta_n{}' + \beta_{n-1}{}'}{\beta_n{}'}$$

$$\frac{\beta_1{}'}{\beta_0{}'} = \frac{a_1{}' \beta_n{}'' + \beta_0{}''}{\beta_n{}''}, \ldots, \frac{\beta_n{}'}{\beta_0{}'} = \frac{a_n{}' \beta_n{}'' + \beta_{n-1}{}''}{\beta_n{}''}$$

$$\cdots\cdots\cdots\cdots\cdots\cdots\cdots\cdots\cdots\cdots\cdots\cdots$$

Als projektion Transformation aufgeschrieben, erhält man dann für beliebiges ν:

$$\begin{aligned} \beta_0{}^{(\nu)} &= \qquad\qquad\qquad \beta_n{}^{(\nu+1)} \\ \beta_1{}^{(\nu)} &= \beta_0{}^{(\nu+1)} + \quad a_1 \beta_n{}^{(\nu+1)} \\ &\cdots\cdots\cdots\cdots\cdots\cdots \\ \beta_n{}^{(\nu)} &= \qquad\qquad \beta_{n-1}{}^{(\nu+1)} + a_n{}^{(\nu)} \beta_n{}^{(2+1)} \end{aligned}$$

Mit Hilfe der Matrix

$$\Lambda^{(\nu)} = \begin{pmatrix} 0 & 0 & \ldots & 0 & 1 \\ 1 & 0 & \ldots & 0 & a_1{}^{(\nu)} \\ 0 & 1 & \ldots & 0 & a_2{}^{(\nu)} \\ \cdot & \cdot & \cdot & \cdot & \cdot \\ 0 & 0 & & 1 & a_n{}^{(\nu)} \end{pmatrix}$$

kann man dann schreiben:

$$\beta^{(\nu)} = \Lambda^{(\nu)}\beta^{(\nu+1)} \tag{1.1}$$

(dabei wird $\beta^{(\mu)}$ als Spaltenvektor aufgefaßt).
Man liest ferner ab:

$$\det \Lambda^{(\nu)} = (-1)^n$$

Bei dieser Stelle erinnere ich an die Bedeutung der Größen $a_i^{(\nu)}$; es ist

$$a_i^{(\nu)} = [\alpha_i^{(\nu)}]$$

wo die eckigen Klammern die nächstkleinere ganze Zahl bedeuten.

Es ist

$$\beta = \Lambda^{(0)}\beta' = \Lambda^{(0)}\Lambda'\beta'' = \ldots = \Lambda^{(0)}\Lambda' \ldots \Lambda^{(\nu-1)}\beta^{(\nu)}$$

wie die wiederholte Anwendung von (1.1) lehrt. Wir setzen

$$\Omega^{(\nu)} = \Lambda^{(0)}\Lambda' \ldots \Lambda^{(\nu-1)}$$

Mit Hilfe dieser Matrix, deren Elemente wir mit $\omega_{ij}^{(\nu)}$ (zu beachten ist $i = 0,1, \ldots, n$; $j = 0,1, \ldots, n$) bezeichnen, erhält man:

$$\beta = \Omega^{(\nu)}\beta^{(\nu)} \tag{1.2}$$

Da $\quad \Omega^{(\nu)} = \Lambda^{(0)}\Lambda' \ldots \Lambda^{(\nu-1)},\quad$ ist

$$\det \Omega^{(\nu)} = (-1)^{n\nu}$$

und ferner

$$\Omega^{(\nu+1)} = \Omega^{(\nu)}\Lambda^{(\nu)} \tag{1.3}$$

Diese Relation gilt auch für $\nu = 0$, wenn man $\Omega^{(0)} = ((\delta_{ij}))$ (d. h. die Einheitsmatrix) setzt.

Aus (1.3) liest man sofort die folgenden Rekursionsformeln ab:

$$\begin{aligned} \omega_{ij}^{(\nu+1)} &= \omega_{ij+1}^{(\nu)} \qquad \forall\, i, j = 0, \ldots, n-1 \\ \omega_{in}^{(\nu+1)} &= \omega_{i0}^{(\nu)} + \omega_{i1}^{(\nu)}a_1^{(\nu)} + \ldots + \omega_{in}^{(\nu)}a_n^{(\nu)} \end{aligned} \tag{1.4}$$

Diese Formeln findet man mit der Bezeichnung

$$\omega_{ij}^{(\nu)} = A_i^{(\nu+j)}$$

schon bei Perron [1]. Es gilt ersichtlich, da alle Größen positiv sind:

$$\omega_{0n}^{(\nu)} > \omega_{0j}^{(\nu)} \tag{1.5}$$

für jedes $j < n$ ab $\nu \geqslant 1$. Aus (1.2) gewinnt man dann:

$$\alpha_i = \frac{\beta_i}{\beta_0} = \frac{\sum_{j=0}^{n} \omega_{ij}\,\beta_j^{(\nu)}}{\sum_{j=0}^{n} \omega_{0j}\,\beta_j^{(\nu)}} = \tag{1.6}$$

$$= \frac{\omega_{i0}^{(\nu)} + \omega_{i1}^{(\nu)}\,\alpha_1^{(\nu)} + \ldots + \omega_{in}^{(\nu)}\,\alpha_n^{(\nu)}}{\omega_{00}^{(\nu)} + \omega_{01}^{(\nu)}\,\alpha_1^{(\nu)} + \ldots + \omega_{0n}^{(\nu)}\,\alpha_n^{(\nu)}}$$

Bildet man nun die Brüche

$$\frac{\omega_{i0}^{(\nu+n)}}{\omega_{00}^{(\nu+n)}} = \frac{\omega_{in}^{(\nu)}}{\omega_{0n}^{(\nu)}} \tag{1.7}$$

so hat Perron bewiesen, daß stets gilt

$$\lim_{\nu \to \infty} \frac{\omega_{in}^{(\nu)}}{\omega_{0n}^{(\nu)}} = \alpha_i$$

Da die Jacobische Kettenbruchentwicklung 1-deutig ist, kann man schreiben:

$$\alpha = \begin{bmatrix} a_1; & a_1', & a_1'', & \ldots \\ a_2; & a_2', & a_2'', & \ldots \\ . & . & . & \ldots \\ a_n; & a_n', & a_n'', & \ldots \end{bmatrix}$$

Es gelten dabei lediglich die folgenden Bedingungen: Stets ist $a_n^{(\nu)} \geqslant a_i^{(\nu)} \geqslant 0$ und $a_n^{(\nu)} \geqslant 1$. Gilt jedoch einmal $a_i^{(\nu)} = a_n^{(\nu)}$, so folgt, daß zusätzlich gilt $a_{i-1}^{(\nu+1)} \leqslant a_{n-1}^{(\nu+1)}$; steht hiebei wieder das Gleichheitszeichen, so folgt weiter $a_{i-2}^{(\nu+2)} \leqslant a_{n-2}^{(\nu+2)}$ und so fort. Dabei ist $a_0^{(\mu)} = 1$ zu setzen (aus $a_1^{(\nu)} = a_n^{(\nu)}$ folgt etwa $1 \leqslant a_{n-1}^{(\nu+1)}$). Ferner bricht diese Kette von Ungleichungen bei $a_0^{(\mu)} = 1$ auf alle Fälle ab, bzw. setzt man einfach $a_k^{(\mu)} = 0$ für negative k-Werte.

Umgekehrt stellt jede beliebige n-fache Zahlenfolge, sofern sie nur mit den obigen Bedingungen verträglich ist, stets genau ein $\alpha \varepsilon R^n$ dar, d. h. es konvergieren die nach (1.4) und (1.7) gebildeten Brüche gegen ein gewisses $\alpha \varepsilon R^n$, dessen Jacobische Kettenbruchentwicklung genau die vorgegebene ist. Die Jacobische Entwicklung ist daher *1-1-deutig*.

Es sei noch vermerkt, daß wir von Störungen des Algorithmus absehen. Da eine Störung ja bedeutet, daß die n-Zahlen $\alpha_1, \ldots, \alpha_n$

über dem Körper der rationalen Zahlen linear abhängig sind, d. h. der Punkt α liegt auf einer (Hyper)-Ebene im R^n mit rationalen Koeffizienten, so haben jene n-tupel ersichtlich das Maß Null (gemeint ist stets das Lebesguemaß im R^n), wie aus der Abzählbarkeit dieser Ebenen folgt.

§ 2. Die Elemente als Funktionen der $\alpha_1, \ldots, \alpha_n$

In diesem Abschnitt soll jedes $a_i^{(\mu)}$ als Funktion in $\alpha_1, \ldots, \alpha_n$, d. h. als Funktion auf einem Bereich des R^n untersucht werden. Es war nach (1.2)

$$\beta = \Omega^{(\nu)} \beta^{(\nu)}$$

und daher

$$\beta^{(\nu)} = (\Omega^{(\nu)})^{-1} \beta$$

Wir wollen die Matrix $(\Omega^{(\nu)})^{-1}$ betrachten; seien ihre Elemente $\varkappa_{ij}^{(\nu)}$, so folgt wegen (1.3) zunächst

$$(\Omega^{(\nu+1)})^{-1} = (\Lambda^{(\nu)})^{-1} (\Omega^{(\nu)})^{-1}$$

und daraus die Rekursionsformeln

$$\varkappa_{ij}^{(\nu)} = - a_{i+1}^{(\nu)} \varkappa_{0j}^{(\nu)} + \varkappa_{i+1j}^{(\nu)} \qquad \text{für } i = 1, \ldots, n-1$$

$$\varkappa_{nj}^{(\nu+1)} = \varkappa_{0j}^{(\nu)} \tag{2.1}$$

Um nun metrische Theorie betreiben zu können — unter Maß werde im folgenden stets das n-dimensionale Lebesguemaß verstanden — beschränke ich mich auf den n-dimensionalen Einheitswürfel; genauer sei $B^{(0)}$ die Menge aller Punkte α mit

$$0 \leqslant \alpha_i < 1 \text{ für alle } i.$$

Wir führen die Betrachtung der Funktionen $a_i^{(\mu)}$ in vier Schritten durch. Zuerst untersuche ich $\nu = 0$, $\nu = 1$, $\nu = 2$ und dann den allgemeinen Fall.

1. $\nu = 0$

$$a_i^{(0)} = a_i = [\alpha_i] = 0 \text{ für alle } i, \text{ da } 0 \leqslant \alpha_i < 1.$$

Wir können daher in der Elementardarstellung der Kürze halber alle $a_i^{(0)}$ weglassen.

2. $\nu = 1$

Es ist $\beta = \Omega'\beta' = \Lambda^{(0)}\beta'$

$$\Longrightarrow \beta' = (\Lambda^{(0)})^{-1}\beta$$

$$(\Lambda^{(0)})^{-1}\beta = \begin{pmatrix} 0 & 1 & 0 & . & . \\ 0 & 0 & 1 & . & . \\ . & . & . & . & . \\ 1 & 0 & 0 & . & . \end{pmatrix} \begin{pmatrix} \beta_0 \\ \beta_1 \\ \vdots \\ \beta_n \end{pmatrix} = \begin{pmatrix} \beta_1 \\ \beta_2 \\ \vdots \\ \beta_0 \end{pmatrix} = \begin{pmatrix} \beta_0' \\ \beta_1' \\ \vdots \\ \beta_n' \end{pmatrix}$$

$$\alpha_i' = \frac{\beta_i'}{\beta_0'} = \frac{\beta_{i+1}}{\beta_1} = \frac{\alpha_{i+1}}{\alpha_1}$$

für $i = 1, \ldots, n-1$

$$\alpha_n' = \frac{\beta_n'}{\beta_0'} = \frac{\beta_0}{\beta_1} = \frac{1}{\alpha_1}$$

Nun ist

$$a_i' = [\alpha_i'] = \left[\frac{\alpha_{i+1}}{\alpha_1}\right]$$

bzw.

$$a_n' = [\alpha_n'] = \left[\frac{1}{\alpha_1}\right]$$

Wir betrachten zunächst $i = 1, \ldots, n-1$

$$a_i' = 0 \quad \text{für} \quad 0 \leqslant \frac{\alpha_{i+1}}{\alpha_1} < 1$$

$$a_i' = 1 \quad \text{für} \quad 1 \leqslant \frac{\alpha_{i+1}}{\alpha_1} < 2\,.$$

. . . .

$$a_i' = k_i' \quad \text{für} \quad k_i' \leqslant \frac{\alpha_{i+1}}{\alpha_1} < k_i' + 1$$

d. h. betrachten wir die Schar der (Hyper-)Ebenen

$$k_i'\,x_1 = x_{i+1} \qquad i = 1, \ldots, n-1$$

so bezeichne jede Ebene dieser Schar mit $E(k_i')$ für ein festes i, und für ein festes i wird dann, wenn k_i' von 0 bis ∞ läuft, der Bereich $B^{(0)}$ in abzählbar viele konvexe Teilbereiche $\Delta(k_i')$ zerlegt, was heißen soll:

$\Delta(k_i')$ sei jener Bereich, der anschaulich gesagt zwischen den Ebenen $E(k_i')$ und $E(k_i'+1)$ liegt, nämlich jener Teil dieses „Zwischengebietes", der in $B^{(0)}$ liegt. Ferner soll das Stück der Ebene

$E(k_i')$, das im Bereich $B^{(0)}$ liegt, zu $\Delta(k_i')$ gezählt werden. Dann gilt offenbar: Der Bereich $B^{(0)}$ wird vollständig in abzählbar viele konvexe und vor allem fremde Bereiche $\Delta(k_i')$ derart zerlegt, daß gilt

$$a_i' = a_i'(\alpha_1, \ldots, \alpha_n) = k_i'$$

dann und nur dann, wenn $\alpha = (\alpha_1, \ldots, \alpha_n) \varepsilon \Delta(k_i')$.

Ganz ähnlich verläuft die Untersuchung für $i = n$.

$$a_n' = \left[\frac{1}{\alpha_1}\right]$$

Es ist $a_n' = 0$ für $0 \leqslant \frac{1}{\alpha_1} < 1$, d. h. nirgends

(da $0 < \alpha_1 < 1$ vorausgesetzt)

$$a_n' = k_n' \text{ für } 1 \leqslant k_n' \leqslant \frac{1}{\alpha_1} < k_n' + 1$$

Durch die Ebenen $E(k_n')$ wird analog zu vorhin $B^{(0)}$ in abzählbar viele konvexe und fremde Bereiche $\Delta(k_n')$ zerlegt, wenn man die Ränder von $\Delta(k_n')$ geeignet zuordnet. Es ist dann

$$a_n' = a_n'(\alpha_1, \ldots, \alpha_n) = k_n'$$

dann und nur dann, wenn $\alpha \varepsilon \Delta(k_n')$.

Wir nennen nun

$$B' = \Delta(k_1') \cap \ldots \cap \Delta(k_n')$$

einen Bereich vom Range 1. Es ist unmittelbar einzusehen, daß gleichzeitig

$$a_1' = k_1', \; a_2' = k_2', \; \ldots, \; a_n' = k_n'$$

dann und nur dann gilt, wenn $\alpha \varepsilon B'$. Ferner wird $B^{(0)}$ auf diese Weise vollständig in abzählbar viele konvexe und punktfremde Bereiche B' zerlegt. Die Punktfremdheit der B' spiegelt die Eindeutigkeit des Algorithmus wider.

Für spätere Zwecke will ich nun noch den Bereich B' auf eine etwas andere Weise einführen:

Jedem n-tupel $(k_1', \ldots, k_n')$ wird der Schnittpunkt der n-Ebenen $E(k_1'), \ldots, E(k_n')$, das sind die Ebenen

$$\begin{aligned} k_1' x_1 &= x_2 \\ k_2' x_1 &= x_3 \\ \cdot \quad \cdot & \quad \cdot \quad \cdot \\ k_n' x_1 &= 1 \end{aligned}$$

zugeordnet — wie man unmittelbar sieht, existiert dieser eigentlich — und mit $W(k_1', \ldots, k_n')$ bezeichnet. Bildet man nun zu unserem n-tupel alle möglichen „Nachbar"-n-tupel, die so gewonnen werden, daß man j Stück der k_i' durch $k_i' + 1$ ersetzt, so erhält man insgesamt (das ursprüngliche n-tupel mitgerechnet) genau 2^n n-tupel, denen genau 2^n Punkte W nach obiger Zuordnung wiederum entsprechen. Die konvexe Hülle dieser 2^n Punkte ist dann ein konvexes Polyeder mit den 2^n Punkten als Extremalpunkten und den 2^n Ebenen $E(k_1'), \ldots, E(k_n')$ und $E(k_1' + 1), \ldots, E(k_n' + 1)$ als Begrenzungsebenen. Wir vereinbaren, daß die Begrenzungsflächen, die von den ersten n Ebenen gebildet werden, zu unserem Polyeder gezählt werden, die anderen nicht. Das so berandete Polyeder will ich ein Polyeder vom Range 1 nennen und mit P' bezeichnen. Aus einem späteren Satz folgt, daß P' mit $B^{(0)}$ topologisch homöomorph ist. Man überlegt nun leicht, daß gilt:

$$B' = P' \cap B^{(0)}.$$

Es ist $B' = P'$ genau dann, wenn nicht nur das n-tupel $(k_1', \ldots, k_n')$, sondern auch alle „Nachbarn" zulässig, d. h. mit den in § 1 angeführten Bedingungen des Algorithmus verträglich sind. Dies ist schon für das n-tupel $(1, 1, \ldots, 1)$ nicht erfüllt.

3. $\nu = 2$

Ich will noch kurz den Fall $\nu = 2$ betrachten, wo ich mich aber kürzer fassen werde, da nun dieselben Begriffsbildungen auftreten werden.

Sei $B' = \Delta(k_1') \cap \ldots \cap \Delta(k_n')$ ein fester Bereich vom Range 1. Es ist

$$\beta = \Omega'' \beta'' = \Lambda^{(0)} \Lambda' \beta''$$

$$\Rightarrow \beta'' = (\Lambda')^{-1} (\Lambda^{(0)})^{-1} \beta$$

Daraus errechnet man

$$\alpha_i'' = \frac{-k_{i+1}' \alpha_1 + \alpha_{i+2}}{-k_1' \alpha_1 + \alpha_2} \qquad i = 1, \ldots, n-2$$

$$\alpha_{n-1}'' = \frac{-k_n'\,\alpha_1 + 1}{-k_1'\,\alpha_1 + \alpha_2}$$

$$\alpha_n'' = \frac{\alpha_1}{-k_1'\,\alpha_1 + \alpha_2}$$

Da $a_i'' = [\alpha_i'']$, ist nun

$$a_i'' = k_i'' \text{ für } 0 \leqslant k_i'' \leqslant \frac{-k_{i+1}'\,\alpha_1 + \alpha_{i+2}}{-k_1'\,\alpha_1 + \alpha_2} < k_i'' + 1$$

$$a_{n-1}'' = k_{n-1}'' \text{ für } 0 \leqslant k_{n-1}'' \leqslant \frac{-k_n'\,\alpha_1 + 1}{-k_1'\,\alpha_1 + \alpha_2} < k_{n-1}'' + 1$$

$$a_n'' = k_n'' \text{ für } 1 \leqslant k_n'' \leqslant \frac{\alpha_1}{-k_1'\,\alpha_1 + \alpha_2} < k_n'' + 1$$

Durch die Ebenen $k_i''(-k_1'x_1 + x_2) + k_{i+1}'\,x_1 - x_{i+2} = 0$, beziehungsweise $k_{n-1}''(-k_1'x_1 + x_2) + k_n'x_1 - 1 = 0$ und $k_n''(-k_1'x_1 + x_2) - x_2 = 0$ wird B' in analoger Weise in abzählbar viele konvexe und fremde Bereiche $\Delta(k_i'')$ zerlegt! Es ist dann

$$B'' = \Delta(k_1'') \cap \ldots \cap \Delta(k_n'')$$

und es zerfällt B' vollständig in fremde Bereiche B'' vom Range 2. Auf jedem B'' nehmen die Funktionen a'' genau die Werte k'' an. Ebenso gehört zu einem n-tupel $(k_1'', \ldots, k_n'')$ stets ein Schnittpunkt $W(k_1'', \ldots, k_n'')$ der entsprechenden Ebenen, und zusammen mit den Nachbarpunkten erhält man ein konvexes Polyeder P'' (die Möglichkeit dieser Konstruktion folgt aus Satz 2 in § 3), so daß gilt:

$$B'' = P'' \cap B'$$

4. der allgemeine Fall

Es sei durch

$$\begin{bmatrix} k_1'\,k_1'' \ldots k_1^{(\nu-1)} \\ \cdot \quad \cdot \quad \cdot\cdot\cdot\cdot \\ k_n'\,k_n'' \ldots k_n^{(\nu-1)} \end{bmatrix}$$

schon ein Bereich $B^{(\nu-1)}$ vom Range $\nu - 1$ bestimmt. Es ist

$$\beta^{(\nu)} = (\Omega^{(\nu)})^{-1}\,\beta$$

$$\Rightarrow \alpha_i^{(\nu)} = \frac{\varkappa_{i0}^{(\nu)} + \varkappa_{i1}^{(\nu)}\,\alpha_1 + \ldots + \varkappa_{in}^{(\nu)}\,\alpha_n}{\varkappa_{00}^{(\nu)} + \varkappa_{01}^{(\nu)}\,\alpha_1 + \ldots + \varkappa_{0n}^{(\nu)}\,\alpha_n}$$

wo die $\varkappa_{ij}^{(\nu)}$ gemäß (2.1) rekursiv aus den $k_j^{(\mu)}$ errechnet werden können. Die Überlegungen des Falles $\nu = 1$ lassen sich mühelos verallgemeinern.

Es ist $a_i^{(\nu)} = k_i^{(\nu)}$ für $k_i^{(\nu)} \leqslant \alpha_i^{(\nu)} < k_i^{(\nu)} + 1$, wo die $k_i^{(\nu)}$ alle zulässigen Werte durchlaufen. Ein bestimmtes n-tupel $(k_1^{(\nu)}, \ldots, k_n^{(\nu)})$ liefert eine Ebenenschar von n Ebenen $E\,(k_i^{(\nu)})$:

$$k_i^{(\nu)}\,(\varkappa_{00}^{(\nu)} + \varkappa_{01}^{(\nu)}\,x_1 + \ldots + \varkappa_{0n}^{(\nu)}\,x_n) - (\varkappa_{i0}^{(\nu)} + \ldots + \varkappa_{in}^{(\nu)}\,x_n) = 0$$

Diese Ebenen zerlegen nun $B^{(\nu-1)}$ in fremde konvexe Teile $\Delta\,(k_i^{(\nu)})$ — die Existenz dieser Teilbereiche wird gleich erläutert werden — und sei wiederum

$$B^{(\nu)} = \Delta\,(k_1^{(\nu)}) \cap \ldots \cap \Delta\,(k_n^{(\nu)})$$

so gilt gleichzeitig

$$a_1^{(\nu)} = k_1^{(\nu)}, \ldots, a_n^{(\nu)} = k_n^{(\nu)}$$

dann und nur dann, wenn $\alpha \in B^{(\nu)}$. Daraus ist aber die Existenz der Bereiche $B^{(\nu)}$ klar; denn nach den Bemerkungen in § 1 gibt es zu jeder zulässigen n-fachen Zahlenfolge stets ein R^n, dessen Entwicklung die vorgegebene ist, daher gibt es auch zu jedem zulässigen Abschnitt

$$\begin{bmatrix} k_1' & k_1'' & \ldots & k_1^{(\nu)} & .. \\ . & . & .... & & .. \\ k_n' & k_n'' & \ldots & k_n^{(\nu)} & .. \end{bmatrix}$$

Punkte α, deren Entwicklung so beginnt. Ebenso konstruiert man ein Polyeder $P^{(\nu)}$ mit 2^n Extremalpunkten, welches von den $2\,n$ Ebenen $E\,(k_1^{(\nu)}), \ldots, E\,(k_n^{(\nu)})$ und $E\,(k_1^{(\nu)} + 1), \ldots, E\,(k_n^{(\nu)} + 1)$ umschlossen wird. Es gilt dann wieder:

$$B^{(\nu)} = P^{(\nu)} \cap B^{(\nu-1)}$$

Da nun in einem $B^{(\nu-1)}$ genau alle α enthalten sind, deren Entwicklung lautet

$$\begin{bmatrix} k_1' & k_1'' & \ldots & k_1^{(\nu-1)} & a_1^{(\nu)} & \ldots \\ . & . & \ldots & & . & \ldots \\ k_n' & k_n'' & \ldots & k_n^{(\nu-1)} & a_n^{(\nu)} & \ldots \end{bmatrix}$$

und diese α sich nach (1.6) schreiben lassen in der Form

$$\alpha_i = \frac{\omega_{i0}^{(\nu)} + \omega_{i1}^{(\nu)}\,\alpha_1^{(\nu)} + \ldots + \omega_{in}^{(\nu)}\,\alpha_n^{(\nu)}}{\omega_{00}^{(\nu)} + \omega_{01}^{(\nu)}\,\alpha_1^{(\nu)} + \ldots + \omega_{0n}^{(\nu)}\,\alpha_n^{(\nu)}}$$

wo die $\omega_{ij}^{(\nu)}$ durch die $k_i^{(\mu)}$ $(\mu = 1, \ldots, \nu - 1)$ bestimmt sind, kann man nun auch so sagen: Durchläuft nun α den ganzen Bereich $B^{(\nu-1)}$, so durchlaufen die Funktionen $a_i^{(\nu)}$ alle zulässigen Werte, und es kommen auch wirklich alle vor (siehe § 1). Es sind daher die $a_i^{(\nu)}$ 1-deutige Funktionen in den $\alpha_1, \ldots, \alpha_n$. Fassen wir das Gewonnene zusammen, so erhalten wir:

Satz 1. Die Funktionen $a_i^{(\nu)} = a_i^{(\nu)} (\alpha_1, \ldots, \alpha_n)$ sind auf den Bereichen $B^{(\nu-1)}$ 1-1-deutige Funktionen. Diese Bereiche sind rekursiv bestimmt: Durchläuft α ganz $B^{(\nu-1)}$, so wird $B^{(\nu-1)}$ in abzählbar viele konvexe, fremde Bereiche $B^{(\nu)}$ zerlegt, die dadurch charakterisiert sind, daß die n Funktionen $a_i^{(\nu)}$ dort konstante Werte $k_i^{(\nu)}$ annehmen.

Es sei noch vermerkt, daß auch bei den weiteren Betrachtungen das Element $k_n^{(\nu)}$ eine größere Bedeutung besitzt als die anderen; da stets $k_n^{(\nu)} \geqslant k_i^{(\nu)}$ gilt, will ich $k_n^{(\nu)}$ das Majorantenelement nennen.

§ 3. Geometrische Ergänzungen

Hauptziel dieses Abschnittes ist der Beweis des folgenden Satzes, der eine genauere Charakterisierung der Ebenen $E (k_i^{(\nu)})$ liefert:

Satz 2. Die Ebenen $E (k_i^{(\nu+1)})$, die zu einem festen $B^{(\nu)}$ gehören, sind für ein festes i jeweils in einem Ebenenbüschel enthalten. Für $i = 1, 2, \ldots, n-1$ ist die Achse des jeweiligen Ebenenbüschels gleich $E (k_{i+1}^{(\nu)}) \cap E (k_1^{(\nu)})$ — gemeint ist das Schnittgebilde der Ebenen $E (k_{i+1}^{(\nu)})$ und $E (k_1^{(\nu)})$; es zeigt sich, daß es stets eigentlich existiert — welches eine Kante des Polyeders $P^{(\nu)}$ definiert. Für $i = n$ ist die Achse gleich $E (k_2^{(\nu-1)}) \cap E (k_1^{(\nu-1)})$, welches für $\nu \geqslant 1$ eine Kante von $P^{(\nu-1)}$ angibt. Für $\nu = 0$ sind die Ebenen parallel.

Beweis:

Schreibt man die Gleichungen der Ebenen $E (k_i^{(\nu+1)})$ auf:

$$k_i^{(\nu+1)} (\varkappa_{00}^{(\nu+1)} + \varkappa_{01}^{(\nu+1)} x_1 + \ldots + \varkappa_{0n}^{(\nu+1)} x_n) -$$
$$- (\varkappa_{i0}^{(\nu+1)} + \varkappa_{i1}^{(\nu+1)} x_1 + \ldots + \varkappa_{in}^{(\nu+1)} x_n) = 0$$

Setzt man nun (2.1) ein, so erhält man

$$k_i^{(\nu+1)} (- k_1^{(\nu)} \varkappa_{00}^{(\nu)} + \varkappa_{10}^{(\nu)} + (- k_1^{(\nu)} \varkappa_{01}^{(\nu)} + \varkappa_{11}) x_1 + \ldots) -$$
$$- (- k_{i+1}^{(\nu)} \varkappa_{00}^{(\nu)} + \varkappa_{i+10}^{(\nu)} + (- k_{i+1}^{(\nu)} \varkappa_{01}^{(\nu)} + \varkappa_{i+11}^{(\nu)}) x_1 + \ldots) = 0$$

für $i = 1, \ldots, n-1$ und

$$k_n^{(\nu+1)}\,(-k_1^{(\nu)}\,\varkappa_{00}^{(\nu)}+\varkappa_{10}^{(\nu)}+(-k_1^{(\nu)}\,\varkappa_{01}^{(\nu)}+\varkappa_{11})\,x_1+\ldots)-$$
$$-(\varkappa_{00}^{(\nu)}+\varkappa_{00}^{(\nu)}\,x_1+\ldots)=0$$

Daraus liest man aber sofort ab:

$$\begin{aligned} E\,(k_i^{(\nu+1)}) &= E\,(k_{i+1}^{(\nu)})-k_i^{(\nu+1)}\,E\,(k_1^{(\nu)}) \\ E\,(k_n^{(\nu+1)}) &= -E\,(k_1^{(\nu)}+1)-(k_n^{(\nu+1)}-1)\,E\,(k_1^{(\nu)}) \end{aligned} \tag{3.1}$$

Damit ist der Satz bewiesen.

Ich vermerke die leicht einzusehenden Folgerungen:

1. Die Polyeder $P^{(\nu)}$ existieren stets eigentlich, d. h. ihre Extremalpunkte sind als Schnittpunkte gewisser Ebenen $E\,(k_i^{(\nu-1)})$ stets eigentlich vorhanden.

2. Jedes Polyeder $P^{(\nu)}$ ist 1-1-deutig auf $B^{(0)}$ abbildbar, insbesonders zu $B^{(0)}$ topologisch homöomorph. Es läßt sich die Zerlegung von $P^{(\nu)}$ durch die Ebenen $E\,(k_i^{(\nu+1)})$ 1-1-deutig und zusammenhangstreu auf die Zerlegung von $B^{(0)}$ durch die Ebenen $E\,(k_i')$ abbilden.

Fast evident ist noch der folgende Satz:

Satz 3. Für den ν-ten Näherungspunkt, das ist der Punkt mit den Koordinaten $\dfrac{\omega_{in}^{(\nu)}}{\omega_{0n}^{(\nu)}}$, gilt

$$\left(\frac{\omega_{1n}^{(\nu)}}{\omega_{0n}^{(\nu)}},\ldots,\frac{\omega_{nn}^{(\nu)}}{\omega_{0n}^{(\nu)}}\right)=E\,(k_1^{(\nu-1)})\cap\ldots\cap E\,(k_n^{(\nu-1)})$$

Beweis:

Alle $\alpha\in B^{(\nu-2)}$ haben die Gestalt:

$$\alpha_i=\frac{\omega_{i0}^{(\nu-1)}+\omega_{i1}^{(\nu-1)}\,\alpha_1^{(\nu-1)}+\ldots+\omega_{in}^{(\nu-1)}\,\alpha_n^{(\nu-1)}}{\omega_{00}^{(\nu-1)}+\omega_{01}^{(\nu-1)}\,\alpha_1^{(\nu-1)}+\ldots+\omega_{0n}^{(\nu-1)}\,\alpha_n^{(\nu-1)}}$$

Setzt man hier $\alpha_j^{(\nu-1)}=k_j^{(\nu-1)}$, so erhält man nach der Formel (1.4):

$$\frac{\omega_{i0}^{(\nu-1)}+\omega_{i1}^{(\nu-1)}\,k_1^{(\nu-1)}+\ldots+\omega_{in}^{(\nu-1)}\,k_n^{(\nu-1)}}{\omega_{00}^{(\nu-1)}+\omega_{01}^{(\nu-1)}\,k_1^{(\nu-1)}+\ldots+\omega_{0n}^{(\nu-1)}\,k_n^{(\nu-1)}}=\frac{\omega_{in}^{(\nu)}}{\omega_{0n}^{(\nu)}}$$

Da für diesen Punkt aber $\alpha_j^{(\nu-1)}=k_j^{(\nu-1)}$ gilt, ist dies der Schnittpunkt der Ebenen $E\,(k_1^{(\nu-1)}),\ldots,E\,(k_n^{(\nu-1)})$.

§ 4. Abschätzung des Maßes der $B^{(\nu)}$

Die nächste Aufgabe ist es nun, das Maß der Bereiche $B^{(\nu)}$ abzuschätzen. Da $B^{(\nu)}=P^{(\nu)}\cap B^{(\nu-1)}$, d. h. $B^{(\nu)}$ ein Teilbereich von $P^{(\nu)}$

ist, ist es zunächst bequemer, eine Abschätzung für das Volumen des Polyeders $P^{(\nu)}$ zu geben. Dies vor allem deshalb, da die Extremalpunkte als Schnittpunkte gewisser Ebenen charakterisiert sind.

Wie schon mehrfach erwähnt, kann man alle $\alpha \varepsilon B^{(\nu-1)}$ in der Gestalt schreiben:

$$\alpha_i = \frac{\omega_{i0}^{(\nu)} + \omega_{i1}^{(\nu)} \alpha_1^{(\nu)} + \ldots + \omega_{in}^{(\nu)} \alpha_n^{(\nu)}}{\omega_{00}^{(\nu)} + \omega_{01}^{(\nu)} \alpha_1^{(\nu)} + \ldots + \omega_{0n}^{(\nu)} \alpha_n^{(\nu)}} \qquad (=(1.6))$$

Wird nun durch ein bestimmtes (zulässiges) n-tupel $(k_1^{(\nu)}, \ldots, k_n^{(\nu)})$ ein bestimmter Bereich $B^{(\nu)}$ und ein zugehöriges Polyeder $P^{(\nu)}$ definiert, so ist es aus dem Algorithmus ersichtlich, daß alle $\alpha \varepsilon B^{(\nu)}$ die Gestalt

$$\alpha_i = \frac{\omega_{i0}^{(\nu)} + \omega_{i1}^{(\nu)} \left(k_1^{(\nu)} + \frac{1}{\alpha_n^{(\nu+1)}}\right) + \ldots + \omega_{in}^{(\nu)} \left(k_n^{(\nu)} + \frac{\alpha_{n-1}^{(\nu+1)}}{\alpha_n^{(\nu+1)}}\right)}{\omega_{00}^{(\nu)} + \omega_{01}^{(\nu)} \left(k_1^{(\nu)} + \frac{1}{\alpha_n^{(\nu+1)}}\right) + \ldots + \omega_{0n}^{(\nu)} \left(k_n^{(\nu)} + \frac{\alpha_{n-1}^{(\nu+1)}}{\alpha_n^{(\nu+1)}}\right)}$$

haben. In dieser Darstellung sind die $\alpha_j^{(\nu+1)}$ nur insoweit beliebige reelle Zahlen, sofern sie zulässige Werte $k_1^{(\nu+1)}, \ldots, k_n^{(\nu+1)}$ liefern. Durchlaufen hingegen die $\alpha_j^{(\nu+1)}$ alle reellen Werte von 0 bis ∞ für $j = 0, \ldots, n-1$ und $\alpha_n^{(\nu+1)}$ alle Werte von 1 bis ∞, so erhält man wie aus der Konstruktion der $P^{(\nu)}$ hervorgeht, alle Punkte von $P^{(\nu)}$. Die Extremalpunkte von $P^{(\nu)}$ erhält man, indem man in (1.6) die $\alpha_i^{(\nu)}$ durch $k_i^{(\nu)}$ bzw. $k_i^{(\nu)} + 1$ ersetzt. Man kann daher — wie in § 2 für $\nu = 1$ schon angedeutet — jeden Extremalpunkt 1-deutig durch ein n-tupel von Zahlen $k_i^{(\nu)}$ bzw. $k_i^{(\nu)} + 1$ charakterisieren und man erhält so auch alle Extremalpunkte von $P^{(\nu)}$. Man überzeugt sich leicht, daß man eben aus den $2n$ Zahlen $k_i^{(\nu)}$ und $k_i^{(\nu)} + 1$ genau 2^n solche n-tupel zusammenstellen kann. Aus dieser Darstellung folgt, daß man den Übergang von einem Extremalpunkt zu einem anderen dadurch charakterisieren kann, daß man ein oder mehrere $k_i^{(\nu)}$ bzw. $k_i^{(\nu)} + 1$ durch $k_i^{(\nu)} + 1$ bzw. $k_i^{(\nu)}$ ersetzt. Man wandert dabei längs einer Kante des Polyeders, wenn man nur eine Ersetzung durchführt.

Um nun das Volumen eines $P^{(\nu)}$ abzuschätzen, denken wir uns $P^{(\nu)}$ in $n!$ Tetraeder (als n-dimensionale Verallgemeinerung gedacht) zerlegt und berechnen deren Volumina durch die Determinante der das Tetraeder aufspannenden Vektoren. Dabei will ich die Zerlegung etwa so wählen, daß ich beim Punkt $E(k_1^{(\nu)}) \cap \ldots \cap E(k_n^{(\nu)})$ beginne und von dort ausgehend, zunächst das Tetraeder betrachte, dessen Eckpunkte definiert sind durch die n-tupel:

$$\begin{gathered}
k_1^{(\nu)}, k_2^{(\nu)}, \ldots, k_n^{(\nu)} \\
k_1^{(\nu)} + 1, k_2^{(\nu)}, \ldots, k_n^{(\nu)} \\
k_1^{(\nu)}, k_2^{(\nu)} + 1, \ldots, k_n^{(\nu)} \\
\ldots\ldots\ldots\ldots\ldots\ldots \\
k_1^{(\nu)}, k_2^{(\nu)}, \ldots, k_n^{(\nu)} + 1
\end{gathered}$$

Die Koordinaten dieser Extremalpunkte lauten dann (um eine einheitliche Summenschreibweise zu ermöglichen, definiert man zusätzlich $k_0^{(\nu)} = 1$):

$$\frac{\sum \omega_{ij}^{(\nu)} k_j^{(\nu)}}{\sum \omega_{0j}^{(\nu)} k_j^{(\nu)}} \quad \text{bzw.} \quad \frac{\sum \omega_{ij'}^{(\nu)} k_{j'}^{(\nu)} + \omega_{im}^{(\nu)}}{\sum \omega_{0j'}^{(\nu)} k_{j'}^{(\nu)} + \omega_{0m}^{(\nu)}}$$

wo m jeweils eine der Zahlen von 1 bis n bedeute. Die unser Tetraeder aufspannenden Vektoren lauten dann (die i-te Komponente meine den ganzen Vektor):

$$\frac{\sum \omega_{ij}^{(\nu)} k_j^{(\nu)}}{\sum \omega_{0j}^{(\nu)} k_j^{(\nu)}} - \frac{\sum \omega_{ij'}^{(\nu)} k_{j'}^{(\nu)} + \omega_{im}^{(\nu)}}{\sum \omega_{0j'}^{(\nu)} k_{j'}^{(\nu)} + \omega_{0m}^{(\nu)}} =$$

$$= \frac{\omega_{0m}^{(\nu)} \sum \omega_{ij}^{(\nu)} k_j^{(\nu)} - \omega_{im}^{(\nu)} \sum \omega_{0j'}^{(\nu)} k_{j'}^{(\nu)}}{\left(\sum \omega_{0j}^{(\nu)} k_j^{(\nu)}\right)\left(\sum \omega_{0j'}^{(\nu)} k_{j'}^{(\nu)} + \omega_{0m}^{(\nu)}\right)}$$

In allen Summen ist dabei stets über j oder j' von 0 bis n zu summieren. Es ist dann (vom Vorzeichen abgesehen) das Tetraedervolumen gleich: $(n!)^{-1}$ mal der Determinante, gebildet aus den obigen n-Vektoren. Ziehen wir hierbei die Nenner heraus, so bleibt im wesentlichen die folgende Determinante zu berechnen:

$$\begin{aligned}
&\det\left(\omega_{01}^{(\nu)} \sum \omega_{ij}^{(\nu)} k_j^{(\nu)} - \omega_{i1}^{(\nu)} \sum \omega_{0j}^{(\nu)} k_j^{(\nu)}, \ldots\right. \\
&\left.\ldots, \omega_{0n}^{(\nu)} \sum \omega_{ij}^{(\nu)} k_j^{(\nu)} - \omega_{im}^{(\nu)} \sum \omega_{0j}^{(\nu)} k_j^{(\nu)}\right)
\end{aligned}$$

Diese Determinante berechne ich durch wiederholte Aufspaltung wie folgt:

$$\begin{aligned}
&\det\left(\omega_{01}^{(\nu)} \sum \omega_{ij}^{(\nu)} k_j^{(\nu)} - \omega_{i1}^{(\nu)} \sum \omega_{0j}^{(\nu)} k_j^{(\nu)},\right. \\
&\qquad\left.\omega_{02}^{(\nu)} \sum \omega_{ij}^{(\nu)} k_j^{(\nu)} - \omega_{i2}^{(\nu)} \sum \omega_{0j}^{(\nu)} k_j^{(\nu)}, \ldots\right) = \\
&= \det\left(\omega_{01}^{(\nu)} \sum \omega_{ij}^{(\nu)} k_j^{(\nu)}, \omega_{02}^{(\nu)} \sum \omega_{ij}^{(\nu)} k_j^{(\nu)} - \omega_{i2}^{(\nu)} \sum \omega_{0j}^{(\nu)} k_j^{(\nu)}, \ldots\right) \\
&+ \det\left(-\omega_{i1}^{(\nu)} \sum \omega_{0j}^{(\nu)} k_j^{(\nu)}, \ldots\right) =
\end{aligned}$$

$$= \det(\omega_{01}^{(\nu)} \sum \omega_{ij}^{(\nu)} k_j^{(\nu)}, - \omega_{i2}^{(\nu)} \sum \omega_{0j}^{(\nu)} k_j^{(\nu)}, \ldots) +$$
$$+ \det(- \omega_{i1}^{(\nu)} \sum \omega_{0j}^{(\nu)} k_j^{(\nu)}, \omega_{02}^{(\nu)} \sum \omega_{ij}^{(\nu)} k_j^{(\nu)} - \omega_{i2}^{(\nu)} \sum \omega_{0j}^{(\nu)} k_j^{(\nu)}, \ldots)$$

durch Fortsetzung dieses Aufspaltungsprozesses erhält man

$$= (\sum \omega_{0j}^{(\nu)} k_j^{(\nu)})^{n-1} [\det(\omega_{01}^{(\nu)} \sum \omega_{ij}^{(\nu)} k_j^{(\nu)}, - \omega_{i2}^{(\nu)}, \ldots, - \omega_{in}^{(\nu)}) +$$
$$+ \det(- \omega_{i1}^{(\nu)}, \omega_{02}^{(\nu)} \sum \omega_{ij}^{(\nu)} k_j^{(\nu)}, \ldots, - \omega_{in}^{(\nu)}) +$$
$$\ldots\ldots\ldots\ldots\ldots\ldots\ldots\ldots\ldots\ldots\ldots\ldots$$
$$+ \det(- \omega_{i1}^{(\nu)}, - \omega_{i2}^{(\nu)}, \ldots, \omega_{0n}^{(\nu)} \sum \omega_{ij}^{(\nu)} k_j^{(\nu)})] +$$
$$+ \det(- \omega_{i1}^{(\nu)} \sum \omega_{0j}^{(\nu)} k_j^{(\nu)}, \ldots, - \omega_{in}^{(\nu)} \sum \omega_{0j}^{(\nu)} k_j^{(\nu)}) =$$

und dies ist dann weiter

$$= (\sum \omega_{0j}^{(\nu)} k^{(\nu)})^{n-1} [\det(\omega_{01}^{(\nu)} \sum \omega_{ij}^{(\nu)} k_j^{(\nu)}, - \omega_{i2}^{(\nu)}, \ldots, - \omega_{in}^{(\nu)}) +$$
$$+ \det(- \omega_{i1}^{(\nu)}, - \omega_{i2}^{(\nu)}, \ldots, \omega_{0n}^{(\nu)} \sum \omega_{ij}^{(\nu)} k_j^{(\nu)}) +$$
$$+ \sum \omega_{0j}^{(\nu)} k_j^{(\nu)} \cdot \det(- \omega_{i1}^{(\nu)}, - \omega_{i2}^{(\nu)}, \ldots, - \omega_{in}^{(\nu)})] =$$
$$\ldots\ldots\ldots\ldots\ldots\ldots\ldots\ldots\ldots\ldots\ldots\ldots$$
$$= (\sum \omega_{0j}^{(\nu)} k_j^{(\nu)})^{n-1} [k_1^{(\nu)} \omega_{01}^{(\nu)} \det(\omega_{i1}^{(\nu)}, - \omega_{i2}^{(\nu)}, \ldots, - \omega_{in}^{(\nu)}) +$$
$$+ k_2^{(\nu)} \omega_{02}^{(\nu)} \det(- \omega_{i1}^{(\nu)}, \omega_{i2}^{(\nu)}, \ldots, \omega_{in}^{(\nu)}) +$$
$$\ldots\ldots\ldots\ldots\ldots\ldots\ldots\ldots\ldots\ldots\ldots\ldots$$
$$+ k_n^{(\nu)} \omega_{0n}^{(\nu)} \det(- \omega_{i1}^{(\nu)}, - \omega_{i2}^{(\nu)}, \ldots, \omega_{in}^{(\nu)}) +$$
$$+ \omega_{01}^{(\nu)} \det(\omega_{i0}^{(\nu)}, - \omega_{i2}^{(\nu)}, \ldots, - \omega_{in}^{(\nu)}) +$$
$$+ \omega_{02}^{(\nu)} \det(- \omega_{i1}^{(\nu)}, \omega_{i0}^{(\nu)}, \ldots, - \omega_{in}^{(\nu)}) +$$
$$\ldots\ldots\ldots\ldots\ldots\ldots\ldots\ldots\ldots\ldots\ldots\ldots$$
$$+ \omega_{0n}^{(\nu)} \det(- \omega_{i1}^{(\nu)}, - \omega_{i2}^{(\nu)}, \ldots, \omega_{i0}^{(\nu)}) +$$
$$+ \sum \omega_{0j}^{(\nu)} k_j^{(\nu)} \det(- \omega_{i1}^{(\nu)}, - \omega_{i2}^{(\nu)}, \ldots, - \omega_{in}^{(\nu)})] =$$
$$= (\sum \omega_{0j}^{(\nu)} k_j^{(\nu)})^{n-1} (-1)^n [\omega_{00}^{(\nu)} \det(\omega_{i1}^{(\nu)}, \omega_{i2}^{(\nu)}, \ldots, \omega_{in}^{(\nu)}) +$$
$$+ \omega_{01}^{(\nu)} (-1) \det(\omega_{i0}^{(\nu)}, \omega_{i2}^{(\nu)}, \ldots, \omega_{in}^{(\nu)}) +$$
$$+ \omega_{02}^{(\nu)} (-1)^2 \det(\omega_{i0}^{(\nu)}, \omega_{i1}^{(\nu)}, \ldots, \omega_{in}^{(\nu)}) +$$
$$\ldots\ldots\ldots\ldots\ldots\ldots\ldots\ldots\ldots\ldots\ldots\ldots$$
$$+ \omega_{0n}^{(\nu)} (-1)^n \det(\omega_{i0}^{(\nu)}, \omega_{i1}^{(\nu)}, \ldots, \omega_{in-1}^{(\nu)})] =$$
$$= (\sum \omega_{0j}^{(\nu)} k_j^{(\nu)})^{n-1} (-1)^n \sum_{j=0}^{n} \omega_{0j} (-1)^j \det_{j \neq k}(\omega_{i1}, \ldots, \omega_{ik}, \ldots, \omega_{in})] =$$
$$= (\sum \omega_{0j}^{(\nu)} k_j^{(\nu)})^{n-1} (-1)^n \det \Omega^{(\nu)} =$$
$$= (\sum \omega_{0j}^{(\nu)} k_j^{(\nu)})^{n-1} (-1)^n (-1)^{n\nu}$$

Zuletzt wurde dabei der Entwicklungssatz für Determinanten verwendet (angewendet auf $\det \Omega^{(\nu)}$).

Damit ergibt sich dann für den Betrag des Volumens unseres Tetraeders (nachdem der Bruch gekürzt wurde):

$$V = \frac{1}{n! \sum\limits_{j=0}^{n} \omega_{0j}^{(\nu)} k_j^{(\nu)} \prod\limits_{m=1}^{n} \left(\sum\limits_{j=0}^{n} \omega_{0j}^{(\nu)} k_j^{(\nu)} + \omega_{0m}^{(\nu)} \right)}$$

Betrachten wir nun ein beliebiges Tetraeder unserer Zerlegung, so lauten die Koordinaten eines beliebigen Eckpunktes zunächst:

$$\frac{\sum \omega_{ij}^{(\nu)} k_j^{(\nu)} + \sum \omega_{il}^{(\nu)}}{\sum \omega_{0j}^{(\nu)} k_j^{(\nu)} + \sum \omega_{0l}^{(\nu)}}$$

wo j von 1 bis n zu summieren ist, hingegen l irgendwelche n'-Werte zwischen 1 und n annimmt, je nachdem welche der $k_l^{(\nu)}$ durch $k_l^{(\nu)} + 1$ ersetzt denkt. Setzt man

$$k_l^{(\nu)} + 1 = k_l^{(\nu)*}$$

so kann man schreiben:

$$\frac{\sum \omega_{ij}^{(\nu)} k_j^{(\nu)} + \sum \omega_{il}^{(\nu)}}{\sum \omega_{0j}^{(\nu)} k_j^{(\nu)} + \sum \omega_{0l}^{(\nu)}} = \frac{\sum \omega_{ij}^{(\nu)} k_j^{(\nu)*}}{\sum \omega_{0j}^{(\nu)} k_j^{(\nu)*}}$$

Die weiteren n Extremalpunkte des Tetraeders lauten dann, wenn $\varepsilon_{s_m} = 1$ oder $= -1$ bedeute (je nachdem, ob $k_j^{(\nu)*}$ durch $k_j^{(\nu)*} + 1$ oder $k_j^{(\nu)*} - 1$ ersetzt wird):

$$\frac{\sum \omega_{ij}^{(\nu)} k_j^{(\nu)*} + \sum \omega_{is_m}^{(\nu)} \varepsilon_{s_m}}{\sum \omega_{0j}^{(\nu)} k_j^{(\nu)*} + \sum \omega_{0s_m}^{(\nu)} \varepsilon_{s_m}}$$

Läßt man in der vorigen Determinantenrechnung $\omega_{im}^{(\nu)}$ in $\sum \omega_{is_m}^{(\nu)} \varepsilon_{s_m}$ und $\omega_{0m}^{(\nu)}$ in $\sum \omega_{0s_m}^{(\nu)} \varepsilon_{s_m}$ übergehen, so überlegt man sich leicht, daß das Ergebnis völlig analog ist und man für das Volumen eines beliebigen Tetraeders erhält:

$$V = \frac{1}{n! \left(\sum \omega_{0j}^{(\nu)} k_j^{(\nu)} + \sum \omega_{0l}^{(\nu)}\right) \prod\limits_{n=1}^{n} \left(\sum \omega_{0j}^{(\nu)} k_j^{(\nu)} + \sum \omega_{0l_m}\right)}$$

Man rechnet dann wie folgt:

$$\left(\sum \omega_{0j}^{(\nu)} k_j^{(\nu)} + \sum \omega_{0l}^{(\nu)}\right) \prod_{m=1}^{n} \left(\sum \omega_{0j}^{(\nu)} k_j^{(\nu)} + \sum \omega_{0l_m}\right) =$$

$$= \left(\omega_{0n}^{(\nu)} k_n^{(\nu)}\right)^{n+1} \left(\sum \frac{\omega_{0j}^{(\nu)} k_j^{(\nu)}}{\omega_{0n}^{(\nu)} k_n^{(\nu)}} + \sum \frac{\omega_{0l}^{(\nu)}}{\omega_{0n}^{(\nu)} k_n^{(\nu)}}\right) \prod \left(\sum \frac{\omega_{0j}^{(\nu)} k_j^{(\nu)} + \omega_{0l_m}}{\omega_{0n}^{(\nu)} k_n^{(\nu)}}\right)$$

Wegen der Bedingungen des Algorithmus, nämlich stets $k_n^{(\nu)} \geqslant 1$ und $k_n^{(\nu)} \geqslant k_j^{(\nu)} \geqslant 0$ und da ferner $\omega_{0n}^{(\nu)} > \omega_{0j}^{(\nu)}$ evident ist, gilt:

$$1 < \sum \frac{\omega_{0j}^{(\nu)} k_j^{(\nu)}}{\omega_{0n}^{(\nu)} k_n^{(\nu)}} + \sum \frac{\omega_{0l_m}^{(\nu)}}{\omega_{0n}^{(\nu)} k_n^{(\nu)}} < 2n + 1$$

Wir können für das Volumen eines jeden Tetraeders die folgende Abschätzung geben:

$$\frac{1}{n!\,(2n+1)^{n+1}\,(\omega_{0n}^{(\nu)} k_n^{(\nu)})^{n+1}} < V < \frac{1}{n!\,(\omega_{0n}^{(\nu)} k_n^{(\nu)})^{n+1}}$$

Da sich nun $P^{(\nu)}$ aus $n!$ solchen Tetraedern zusammensetzt, gilt für das Maß von P:

$$\frac{1}{(2n+1)^{n+1}\,(\omega_{0n}^{(\nu)} k_n^{(\nu)})^{n+1}} < \mathfrak{M} P^{(\nu)} < \frac{1}{(\omega_{0n}^{(\nu)} k_n^{(\nu)})^{n+1}}$$

Wie man sich aber leicht überlegt, besteht $B^{(\nu)}$ mindestens aus einem Tetraeder der angegebenen Zerlegung, und wir können daher das Maß der $B^{(\nu)}$ abschätzen:

$$\frac{1}{n!\,(2n+1)^{n+1}\,(\omega_{0n}^{(\nu)} k_n^{(\nu)})^{n+1}} < \mathfrak{M} B^{(\nu)} < \frac{1}{(\omega_{0n}^{(\nu)} k_n^{(\nu)})^{n+1}} \qquad (4.1)$$

§ 5. Einige wichtige Abschätzungen

Wir schreiben (4.1) für $\nu + 1$ an:

$$\frac{1}{n!\,(2n+1)^{n+1}\,(\omega_{0n}^{(\nu+1)} k_n^{(\nu+1)})^{n+1}} < \mathfrak{M} B^{(\nu+1)} < \frac{1}{(\omega_{0n}^{(\nu+1)} k_n^{(\nu+1)})^{n+1}} \qquad (5.1)$$

Nun ist

$$\omega_{0n}^{(\nu+1)} = \omega_{00}^{(\nu)} + \omega_{01}^{(\nu)} k_1^{(\nu)} + \ldots + \omega_{0n}^{(\nu)} k_n^{(\nu)} =$$
$$= (\omega_{0n}^{(\nu)} k_n^{(\nu)}) \left(1 + \ldots + \frac{\omega_{00}^{(\nu)}}{\omega_{0n}^{(\nu)} k_n^{(\nu)}}\right)$$

und man kann abschätzen:

$$(\omega_{0n}^{(\nu)} k_n^{(\nu)})^{n+1} < (\omega_{0n}^{(\nu+1)})^{n+1} < (\omega_{0n}^{(\nu)} k_n^{(\nu)})^{n+1}\,(n+1)^{n+1}$$

Setzt man dies in (5.1) ein und kombiniert (5.1) mit (4.1), so erhält man:

$$\frac{A_1}{(k_n^{(\nu+1)})^{n+1}} < \frac{\mathfrak{M} B^{(\nu+1)}}{\mathfrak{M} B^{(\nu)}} < \frac{A_2}{(k_n^{(\nu+1)})^{n+1}} \qquad (5.2)$$

wo die neuen Konstanten

$$A_1 = \frac{1}{n!\,(2n+1)^{n+1}\,(n+1)^{n+1}}, \quad A_2 = n!\,(2n+1)^{n+1}$$

eingeführt wurden. Es sei bemerkt, daß diese Abschätzung nur vom Majorantenelement $k_n^{(\nu+1)}$ und der Dimension n, jedoch nicht von den anderen $k_j^{(\nu+1)}$ und auch nicht vom Rang ν abhängt.

Da nun jedes (zulässige) n-tupel $(k_1^{(\nu+1)}, \ldots, k_n^{(\nu+1)})$ genau einen Bereich $B^{(\nu+1)}$ in $B^{(\nu)}$ definiert, jedoch die Abschätzung (5.2) nur von $k_n^{(\nu+1)}$ abhängt, will ich die Gesamtheit aller $B^{(\nu+1)} \subset B^{(\nu)}$ mit gleichem $k_n^{(\nu+1)}$ zusammenfassen und ihre Vereinigung einen **vollständigen Bereich** vom Range $\nu + 1$ nennen; er werde etwa mit $\Theta\,(k_n^{(\nu+1)})$ bezeichnet. Man erhält ersichtlich alle $B^{(\nu+1)}$, die zu $\Theta\,(k_n^{(\nu+1)})$ gehören, indem man bei festgehaltenem $k_n^{(\nu+1)}$ die übrigen $k_j^{(\nu+1)}$ so variiert, daß man alle möglichen zulässigen (siehe die Bedingungen in § 1) n-tupel $(k_1^{(\nu+1)}, \ldots, k_n^{(\nu+1)})$ erhält. Ich will dies kurz so ausdrücken: ich betrachte alle Variationen der $B^{(\nu+1)} \subset B^{(\nu)}$ zu einem festen $k_n^{(\nu+1)}$. Drückt man diese Sprechweise durch ein daruntergesetztes v aus, so gelten die Formeln:

$$\Theta\,(k_n^{(\nu+1)}) = \bigcup_v B^{(\nu+1)} \tag{5.3}$$

$$\mathfrak{M}\,\Theta\,(k_n^{(\nu+1)}) = \mathfrak{M} \bigcup_v B^{(\nu+1)} = \sum_v \mathfrak{M}\, B^{(\nu+1)} \tag{5.4}$$

Um (5.2) auf das Maß von $\Theta\,(k_n^{(\nu+1)})$ erweitern zu können, braucht man eine Abschätzung für die Anzahl dieser Variationen. Diese Zahl, die ich etwa mit $V\,(k_n^{(\nu+1)})$ bezeichnen will, hängt sowohl von $(k_n^{(\nu+1)})$ als auch von den Bereichen $B^{(\mu)}$, $\mu \leqslant \nu$, ab, in denen $B^{(\nu+1)}$ enthalten ist. Der Grund hiefür wird gleich klar sein.

Sehen wir von etwaigen Zusatzbedingungen ab, so gelten nur die Bedingungen $k_n^{(\nu+1)}) \geqslant 1$ und noch $k_n^{(\nu+1)} \geqslant k_j^{(\nu+1)} \geqslant 0$ für die Elemente. Man erhält dann alle zulässigen n-tupel bei festem $k_n^{(\nu+1)}$ einfach so, daß man die $k_j^{(\nu+1)}$ unabhängig voneinander die Zahlen $0, 1, \ldots, k_n^{(\nu+1)}$ durchlaufen läßt. Es ist dann unser $V\,(k_n^{(\nu+1)})$ in diesem Fall gleich der Anzahl der Variationen der Zahlen $0, 1, \ldots, k_n^{(\nu+1)}$ zur Klasse $n - 1$ (da j von 1 bis $n - 1$ läuft) mit Wiederholungen. Es ist daher

$$V\,(k_n^{(\nu+1)}) = (k_n^{(\nu+1)} + 1)^{n-1} \leqslant (k_n^{(\nu+1)})^{n-1}\, 2^{n-1} \tag{5.5}$$

Dadurch haben wir eine obere Schranke für $V\,(k_n^{(\nu+1)})$ erhalten; denn durch die Nebenbedingungen wird die Anzahl der Variationen höchstens kleiner. Um nun eine untere Schranke für $V\,(k_n^{(\nu+1)})$ zu finden, nehmen wir an, daß der Maximalfall an Einschränkungen vorliege, nämlich:

$$1 \leqslant k_1^{(\nu+1)} \leqslant k_2^{(\nu+1)} \leqslant \ldots \leqslant k_{n-1}^{(\nu+1)} \leqslant k_n^{(\nu+1)}$$

Dieser Fall tritt ein, wenn für die $k_j^{(\mu)}$, $j = 1, \ldots, n$ und $\mu \leqslant \nu$, die die Bereiche $B^{(\mu)}$, in denen $B^{(\nu+1)}$ liegt, maximal viele Gleichheitsbeziehungen, die nach den Bemerkungen in § 1 einschränkende Bedingungen bewirken, vorhanden sind. Es gilt dann:

$$V\,(k_n^{(\nu+1)}) = \sum_{i_{n-1}=1}^{k_n^{(\nu+1)}} \ldots \sum_{i_2=1}^{i_3} \sum_{i_1=1}^{i_2} 1$$

Diese Formel ist leicht herzuleiten: $k_1^{(\nu+1)}$ kann die Werte von 1 bis $k_2^{(\nu+1)}$ annehmen; ist i_2 ein solcher Wert, so gibt es dazu $\sum_{i_1=1}^{i_2} 1$ Möglichkeiten für $k_1^{(\nu+1)}$; $k_2^{(\nu+1)}$ kann nun selbst von 1 bis $k_3^{(\nu+1)}$ laufen, und ist i_3 dafür ein fester Wert, so gibt es für $k_2^{(\nu+1)}$ und $k_1^{(\nu+1)}$ zusammen $\sum_{i_2=1}^{i_3} \sum_{i_1=1}^{i_2} 1$ Möglichkeiten und so fort, bis man bei $k_n^{(\nu+1)}$ angelangt ist.

Da nun

$$\sum_{i_{n-1}=1}^{k_n^{(\nu+1)}} \ldots \sum_{i_2=1}^{i_3} \sum_{i_1=1}^{i_2} \geqslant \int_0^{k_n^{(\nu+1)}} \ldots \int_0^{i_3} \int_0^{i_2} di_1 \ldots di_{n-1} = \frac{(k_n^{(\nu+1)})^{n-1}}{(n-1)\,!} \tag{5.6}$$

so haben wir eine untere Schranke für $V\,(k_n^{(\nu+1)})$ gefunden (bei weniger Einschränkungen ist $V\,(k_n^{(\nu+1)})$ offenbar größer). Wir erhalten so für $V\,(k_n^{(\nu+1)})$ eine von den $B^{(\mu)}$ unabhängige Abschätzung:

$$\frac{(k_n^{(\nu+1)})^{n-1}}{(n-1)!} \leqslant V\,(k_n^{(\nu+1)}) \leqslant (k_n^{(\nu+1)})^{n-1}\, 2^{n-1} \tag{5.7}$$

Nun gilt (5.2) für alle $B^{(\nu+1)} < B^{(\nu)}$ mit gleichem $k_n^{(\nu+1)}$. Daher dann für die Summe über alle Variationen:

$$\frac{A_1\, V\,(k_n^{(\nu+1)})}{(k_n^{(\nu+1)})^{n+1}} < \frac{\sum\limits_{v} \mathfrak{M}\, B^{(\nu+1)}}{\mathfrak{M}\, B^{(\nu)}} < \frac{A_2\, V\,(k_n^{(\nu+1)})}{(k_n^{(2+1)})^{n+1}} \tag{5.8}$$

Führt man zur Abkürzung die Konstanten

$$\gamma_1 = \frac{A_1}{(n-1)!} = \frac{1}{n!\,(n-1)!\,(2n+1)^{n+1}\,(n+1)^{n+1}}$$

$$\gamma_2 = A_2\, 2^{n-1} = n!\,(2n+1)^{n+1}\, 2^{n-1}$$

ein, so ergibt (5.4) und (5.7) aus (5.8):

$$\frac{\gamma_1}{(k_n^{(\nu+1)})^2} < \frac{\mathfrak{M}\,\Theta\,(k_n^{(\nu+1)})}{\mathfrak{M}\,B^{(\nu)}} < \frac{\gamma_2}{(k_n^{(\nu+1)})^2} \tag{5.9}$$

Da $B^{(\nu)}$ zu jedem $k_n^{(\nu+1)}$ genau ein $\Theta\,(k_n^{(\nu+1)})$ enthält, so ist

$$\sum_{k_n^{(\nu+1)}=1}^{\infty} \mathfrak{M}\,\Theta\,(k_n^{(\nu+1)}) = \mathfrak{M}\,B^{(\nu)}$$

Schreiben wir (5.9) in der Gestalt

$$\gamma_1 \frac{\mathfrak{M}\,B^{(\nu)}}{(k_n^{(\nu+1)})^2} < \mathfrak{M}\,\Theta\,(k_n^{(\nu+1)}) < \gamma_2 \frac{\mathfrak{M}\,B^{(\nu)}}{(k_n^{(\nu+1)})^2}$$

auf, so gilt diese Ungleichung für alle $B^{(\nu)}$ in einem festen $B^{(\nu-1)}$. Zu dem zugehörigen $k_n^{(\nu)}$ können wir wieder alle Variationen der $B^{(\nu)}$ betrachten und zusammenfassen. So erhält man die Ungleichung (man kann, da die betrachteten Bereiche fremd sind, die Reihenfolge der Symbole $\mathfrak{M}$ und $\underset{v}{U}$ vertauschen):

$$\gamma_1 \frac{\mathfrak{M}\,\Theta\,(k_n^{(\nu)})}{(k_n^{(\nu+1)})^2} < \mathfrak{M}\,\underset{v}{U}\,\Theta\,(k_n^{(\nu+1)}) < \gamma_2 \frac{\mathfrak{M}\,\Theta\,(k_n^{(\nu)})}{(k_n^{(\nu+1)})^2}$$

Bis jetzt war $B^{(\nu-1)}$ fest; nun können wir zum zugehörigen $k_n^{(\nu-1)}$ alle Variationen der $B^{(\nu-1)} < B^{(\nu-2)}$ bilden und erhalten weiter

$$\gamma_1 \frac{\mathfrak{M}\,\underset{v}{U}\,\Theta\,(k_n^{(\nu)})}{(k_n^{(\nu+1)})^2} < \mathfrak{M}\,\underset{v}{U}\,\underset{v}{U}\,\Theta\,(k_n^{(\nu+1)}) < \gamma_2 \frac{\mathfrak{M}\,\underset{v}{U}\,\Theta\,(k_n^{(\nu)})}{(k_n^{(\nu+1)})^2}$$

Dieses Verfahren denken wir uns fortgesetzt!

Ich gebe folgende Definition: Seien $k_n', k_n'', \ldots, k_n^{(\nu)}$ feste Zahlen ($k_n^{(\mu)} \geqslant 1$). Die Menge aller $\alpha \in B^{(0)}$, in deren Jacobischen Entwicklung genau jene Majorantenelemente $k_n', k_n'', \ldots, k_n^{(\nu)}$ auftreten, heiße ein Totalbereich vom Range ν. Er soll mit $T^{(\nu)}\,(k_n', k_n'', \ldots, k_n^{(\nu)})$ oder kürzer mit $T^{(\nu)}$ bezeichnet werden. Es ist dann

$$T^{(\nu)}(k_n', \ldots, k_n^{(\nu)}) = \underset{v}{U} \ldots \underset{v}{U}\, \Theta\,(k_n^{(\nu)})$$

In dieser Formel ist jede der Vereinigungen gemäß der vorhergehenden Überlegungen über alle Variationen zu den $k_n^{(\mu)}$ von $\mu = 1$ bis $\mu = \nu - 1$ zu erstrecken. Aus den vorangegangenen Überlegungen folgt dann die Ungleichung

$$\gamma_1 \frac{\mathfrak{M}\, T^{(\nu)}}{(k_n^{(\nu+1)})^2} < \mathfrak{M}\, T^{(\nu+1)} < \gamma_2 \frac{\mathfrak{M} T^{(\nu)}}{(k_n^{(\nu+1)})^2} \tag{5.10}$$

die wir öfter verwenden werden. Es sei noch ausdrücklich vermerkt, daß $0 < \gamma_1 < 1$ gilt.

§ 6. Metrische Sätze

Mit Hilfe der im vorhergehenden Abschnitt hergeleiteten Abschätzungen können wir schon eine Reihe einfacher Sätze beweisen. Wir beginnen mit:

Satz 4. Bezeichne $Z_n \binom{\nu+1}{s}$ die Menge aller n-tupel $\alpha = (\alpha_1, \ldots, \alpha_n)$ aus $B^{(0)}$, für die gilt

$$k_n^{(\nu+1)} = s$$

so gilt die Ungleichung

$$\frac{\gamma_1}{s^2} < \mathfrak{M}\, Z_n \begin{pmatrix} \nu+1 \\ s \end{pmatrix} < \frac{\gamma_2}{s^2} \tag{6.1}$$

Beweis: Satz 4 ist eine unmittelbare Folgerung aus (5.10); diese Ungleichung lautet zunächst

$$\frac{\gamma_1}{s^2}\, \mathfrak{M}\, T^{(\nu)} < \mathfrak{M}\, T^{(\nu+1)}_{k_n^{(\nu+1)}=s} < \frac{\gamma_2}{s^2}\, \mathfrak{M}\, T^{(\nu)}$$

Wir summieren links und rechts über alle $T^{(\nu)}$ oder, was dasselbe bedeutet, über alle $k_n', \ldots, k_n^{(\nu)}$ von 1 bis ∞. Es ist dann offenbar

$$\sum \mathfrak{M}\, T^{(\nu)} = \mathfrak{M}\, B^{(0)} = 1$$

Hiebei verläuft die Summe wie angegeben. Bei der gleichen Summation ist

$$\sum \mathfrak{M}\, T^{(\nu+1)}_{k_n^{(\nu+1)}=s} = \mathfrak{M}\, Z_n \begin{pmatrix} \nu+1 \\ s \end{pmatrix}$$

Daraus folgt aber sofort die Behauptung. Bemerkung: Hier kann man nochmals sehen, daß die Menge aller $\alpha \in B^{(0)}$, bei denen im Algorithmus

Störungen auftreten, das Maß Null hat. Denn trete etwa die Störung beim $\nu + 1$-ten Schritt auf, so heißt dies $s \to \infty$; dann ist aber nach (6.1) $\mathfrak{M}\, Z_n \binom{\nu+1}{s} = 0$. Da die Vereinigung abzählbar vieler Mengen vom Maße Null wieder das Maß Null hat, ist alles gezeigt.

Eine unmittelbare Verallgemeinerung eines Satzes über gewöhnliche Kettenbrüche ist

Satz 5. (Borel-Bernstein) Sei $\varphi(h)$ eine beliebige positive Funktion der natürlichen Variablen h. Es gilt dann: Die Ungleichung

$$k_n^{(\nu)} = k_n^{(\nu)}(\alpha_1, \ldots, \alpha_n) \geqslant \varphi(\nu) \tag{6.2}$$

ist für fast alle α unendlich oft erfüllt, wenn die Reihe $\sum_{k=1}^{\infty} [\varphi(h)]^{-1}$ divergiert. Umgekehrt ist diese Ungleichung für fast alle α höchstens endlich oft erfüllt, wenn die Reihe $\sum_{k=1}^{\infty} [\varphi(h)]^{-1}$ konvergiert.

Beweis (vgl. [2]): Es sei $T^{(\mu+\nu)}$ ein Totalbereich vom Range $\mu + \nu$, für dessen sämtliche Punkte gilt:

$$k_n^{(\mu+i)} < \varphi(\mu + i) \qquad i = 1, 2, \ldots, \nu$$

Die Punkte von $T^{(\mu+\nu)}$, für die zusätzlich gilt

$$k_n^{(\mu+\nu+1)} = s$$

bilden dann einen Totalbereich vom Range $\mu + \nu + 1$, bezeichnet mit $T_s^{(\mu+\nu+1)}$. Es gilt dann nach (5.10):

$$\mathfrak{M}\, T_s^{(\mu+\nu+1)} > \mathfrak{M}\, T^{(\mu+\nu)} \frac{\gamma_1}{s^2}$$

$$\Rightarrow \mathfrak{M} \sum_{s \geq \varphi(\mu+\nu+1)} T_s^{(\mu+\nu+1)} > \gamma_1 \mathfrak{M}\, T^{(\mu+\nu)} \sum_{s \geq \varphi(\mu+\nu+1)} \frac{1}{s^2} >$$

$$> \gamma_1 \mathfrak{M}\, T^{(\mu+\nu)} \sum_{t=1}^{\infty} \frac{1}{[\varphi(\mu+\nu+1) + t]^2} >$$

$$> \gamma_1 \mathfrak{M}\, T^{(\mu+\nu)} \int_{\varphi(\mu+\nu+1)+1}^{\infty} \frac{du}{u^2} = \frac{\gamma_1 \mathfrak{M}\, T^{(\mu+\nu)}}{\varphi(\mu+\nu+1)+1}$$

da nun

$$\sum_{s=1}^{\infty} T_s^{(\mu+\nu+1)} = T^{(\mu+\nu)}$$

$$\Longrightarrow \mathfrak{M} \sum_{s<\varphi(\mu+\nu+1)} T_s^{(\mu+\nu+1)} < \left(1 \frac{\gamma_1}{\varphi(\mu+\nu+1)+1}\right) \mathfrak{M}\, T^{(\mu+\nu)}$$

Wenn wir diese Ungleichung für alle Totalbereiche vom Range $\mu + \nu$, die (6.2) erfüllen, betrachten und summieren, erhält man eine Ungleichung für die Menge aller $\alpha \varepsilon B^{(0)}$, die (6.2) erfüllen, wie folgt (ich will diese Menge mit $Z\mu, \nu$ bezeichnen):

$$\mathfrak{M}\, Z_{\mu, \nu+1} < \left(1 \frac{\gamma_1}{\varphi_s(\mu+\nu+1)+1}\right) \mathfrak{M}\, Z_{\mu, \nu}$$

Wendet man diese Ungleichung mehrfach an, so erhält man schließlich

$$\mathfrak{M}\, Z_{\mu, \nu} < \mathfrak{M}\, Z_{\mu, 1} \prod_{i=2}^{\nu} \left(1 - \frac{\gamma_1}{1+\varphi(\mu+i)}\right)$$

Divergiert nun die Reihe $\sum\limits_{k=1}^{\infty} \frac{1}{\varphi(h)}$, so divergiert dann auch

$\sum\limits_{i=2}^{\infty} \frac{\gamma_1}{1+\varphi(\mu+i)}$ bei beliebigem μ; nach der Theorie der unendlichen Produkte gilt aber dann:

$$\prod_{i=2}^{\infty} \left(1 - \frac{\gamma_1}{1+\varphi(\mu+i)}\right) \text{ strebt bei } \nu \to \infty \text{ gegen } 0.$$

Bei beliebigem μ gilt daher

$$\mathfrak{M}\, Z\mu, \nu \to 0 \text{ bei } \nu \to \infty$$

Jedes n-tupel $\alpha = (\alpha_1, \ldots, \alpha_n)$ mit

$$k_n^{(\mu+i)} < \varphi(\mu+i)\; i = 1,2, \ldots$$

gehört allen Mengen $Z_{\mu, \nu}$ an. Daher hat die Menge aller solcher Zahlen, die ich Z_μ nenne, das Maß Null. Setzt man

$$Z_1 + Z_2 + \ldots + Z_\mu + \ldots = Z$$

so sieht man $\mathfrak{M}\, Z = 0$. Jedes α aber, das (6.2) nicht mehr als endlich oft erfüllt, muß dann bei hinreichend großem μ der Menge Z_μ und daher Z angehören.

Nun möge $\sum\limits_{h=1}^{\infty} \frac{1}{\varphi(h)}$ konvergieren. $T^{(\nu)}$ sei ein Totalbereich vom Range ν, ferner $T^{(\nu+1)}$ ein Totalbereich vom Range $\nu + 1$, der in $T^{(\nu)}$ liege und durch $k_n^{(\nu+1)} = s$ bestimmt sei. Es gilt dann (5.10):

$$\mathfrak{M}\, T_s^{(\nu+1)} < \frac{\gamma_2}{s^2}\, \mathfrak{M}\, T^{(\nu)}$$

$$\Rightarrow \mathfrak{M} \sum_{s > \varphi(\nu+1)} T_s^{(\nu+1)} < \gamma_2\, \mathfrak{M}\, T^{(\nu)} \sum_{s \geq \varphi(\nu+1)} \frac{1}{s^2} \leqslant$$

$$\leqslant \gamma_2\, \mathfrak{M}\, T^{(\nu)} \sum_{i=0}^{\infty} \frac{1}{[\varphi(\nu+1)+i]^2} <$$

$$< \gamma_2\, \mathfrak{M}\, T^{(\nu)} \left\{ \frac{1}{\varphi(\nu+1)} + \int_{\varphi(\nu+1)}^{\infty} \frac{du}{u^2} \right\} = \frac{2\gamma_2\, \mathfrak{M}\, T^{(\nu)}}{\varphi(\nu+1)}$$

Sei Z^ν die Menge der n-tupel $\alpha \varepsilon B^{(0)}$ mit $k_n^{(\nu)} \geqslant \varphi(\nu)$ und summieren wir in obiger Ungleichung über alle Totalbereiche $T^{(\nu)}$ vom Range ν, so gilt

$$\mathfrak{M}\, Z_{\nu+1} < \frac{2\gamma_2}{\varphi\,(\nu+1)}$$

Dabei wurde $\sum \mathfrak{M}\, T^{(\nu)} = 1$ benützt. — Es bilden daher die Maße der Mengen Z_1, $Z_2, \ldots$ eine konvergente Reihe. Sei Z die Menge aller $\alpha \varepsilon B^{(0)}$, die unendlich vielen Mengen Z_ν angehören, so gilt nach den Sätzen der metrischen Mengenlehre

$$\mathfrak{M}\, Z = 0$$

Denn es ist die Menge Z bei beliebigem μ in der Menge $\sum_{\nu=\mu}^{\infty} Z_\nu$ enthalten, deren Maß $\sum_{\nu=\mu}^{\infty} \mathfrak{M}\, Z_\nu$ nicht übersteigt und daher bei großem μ beliebig klein wird. Z ist aber die Menge aller α, für die (6.2) unendlich oft erfüllt ist. — Damit ist der Satz vollständig bewiesen.

Ein wichtiger Spezialfall dieses Satzes ist der folgende Satz:

Satz 6. Die Menge aller $\alpha \varepsilon B^{(0)}$ mit beschränkten Majorantenelementen k_n hat das Maß Null.

Beweis: Es ist $\sum_{n=1}^{\infty} \frac{1}{M}$, wo M eine positive Konstante ist, offenbar divergent. Daher ist

$$k_n^{(\nu)} \geqslant M$$

für fast alle α unendlich oft erfüllt. Daher hat die Menge der α mit $k_n^{(\nu)} < M$ für alle ν das Maß Null.

Auch der nächste Satz ist eine unmittelbare Verallgemeinerung des 1-dimensionalen Falles. Wie schon erwähnt, hat **Perron** gezeigt, daß die Brüche $\frac{\omega_{in}^{(\nu)}}{\omega_{0n}^{(\nu)}}$ Näherungsbrüche der α_i darstellen, indem gilt

$$\lim_{\nu=\infty} \frac{\omega_{in}^{(\nu)}}{\omega_{0n}^{(\nu)}} = \alpha_i$$

Der folgende Satz sagt nun etwas über die Größenordnung der $\omega_{0n}^{(\nu)}$ aus.

Satz 7. a) Für beliebiges $\nu \geqslant n + 1$ gilt für alle α folgende Ungleichung:

$$\omega_{0n}^{(\nu)} \geqslant 2^{\frac{\nu-1}{n+1} - 1} \tag{6.3}$$

b) Für hinreichend großes ν gilt für fast alle α

$$\omega_{0n}^{(\nu)} = \omega_{0n}^{(\nu)}(\alpha_1, \ldots, \alpha_n) < e^{B(\nu-1)} \tag{6.4}$$

Dabei ist B eine gewisse positive Konstante.

Bemerkung: Satz 7 sagt im wesentlichen, daß für fast alle α die Nenner $\omega_{0n}^{(\nu)}$ nicht langsamer wachsen als eine gewisse geometrische Reihe, aber auch nicht rascher wachsen als eine andere geometrische Reihe.

Beweis: Es ist unter Verwendung von (1.4) und (1.5):

$$\omega_{0n}^{(\nu+1)} = \omega_{00}^{(\nu)} + \omega_{01}^{(\nu)} k_1^{(\nu)} + \ldots + \omega_{0n}^{(\nu)} k_n^{(\nu)} >$$
$$> 2\, \omega_{00}^{(\nu)} = 2\, \omega_{01}^{(\nu-1)} = \ldots = 2\, \omega_{0n}^{(\nu-n)}$$

(da ja nur $k_n^{(\nu)} \geqslant 1$ sein muß)

$$\Rightarrow \omega_{0n}^{(\nu)} > 2\, \omega_{0n}^{[\nu-(n+1)]} > 2^\nu\, \omega_{0n}^{[\nu-2(n+1)]} > \ldots$$
$$\ldots > 2^k\, \omega_{0n}^{[\nu-k(n+1)]}$$

Dann ist aber für $k = \left[\frac{\nu-1}{n+1}\right]$

$$\omega_{0n}^{[\nu-k(n+1)]} = \omega_{0n}^{\left(\nu - \frac{\nu-1}{n+1}(n+1)\right)} = \omega_{0n}' = 1$$

$$\Rightarrow \omega_{0n}^{(\nu)} > 2^{\frac{\nu-1}{n+1} - 1}$$

Und nun zum zweiten Teil der Behauptung:

Nach (4.1) gilt zunächst:

$$\mathfrak{M}\, B^{(\nu)} < \frac{1}{(\omega_{0n}{}^{(\nu)}\, k_n{}^{(\nu)})^{n+1}}$$

und wegen

$$\omega_{0n}{}^{(\nu)} = \omega_{00}{}^{(\nu-1)} + \ldots + \omega_{0n}{}^{(\nu-1)}\, k_n{}^{(\nu-1)} > \\ > \omega_{0n}{}^{(\nu-1)}\, k_n{}^{(\nu-1)} > \ldots > k' \ldots k_n{}^{(\nu-1)}$$

erhalten wir

$$\mathfrak{M}\, B^{(\nu)} < \frac{1}{(k_n{}' \ldots k_n{}^{(\nu)})^{n+1}} \tag{6.5}$$

Ganz analog zu § 5 vereinigen wir bei festen $k_n{}', \ldots, k_n{}^{(\nu)}$ über alle Variationen und ersetzen deren Anzahlen $V\,(k_n{}^{(\mu)}, B^{(\mu-1)})$ für $\mu = 1, \ldots, \nu$ gleich durch die oberen Schranken $2^{n-1}\,(k_n{}^{(\mu)})^{n-1}$, wie unter (5.5) angegeben. Aus (6.5) erhält man dann:

$$\mathfrak{M}\, T^{(\nu)}\,(k_n{}', \ldots, k_n{}^{(\nu)}) < \frac{(2^{n-1})^{\nu}}{(k_n{}' \ldots k_n{}^{(\nu)})^2}$$

Bezeichnen wir mit $Z_\nu\,(g)$ die Menge der $\alpha \varepsilon B^{(0)}$, für die $k_n{}' \ldots k_n{}^{(\nu)} \geqslant g$, so gilt dann ersichtlich

$$\mathfrak{M}\, Z_\nu\,(g) < \sum_{k_n{}' \cdots k_n{}^{(\nu)} \geq g} \frac{(2^{n-1})^{\nu}}{(k_n{}' \ldots k_n{}^{(\nu)})^2}$$

Dabei wird die Summe über alle Kombinationen der Zahlen $k_n{}', \ldots, k_n{}^{(\nu)}$ mit $k_n{}' \ldots k_n{}^{(\nu)} \geqslant g$ erstreckt. Die weitere Rechnung verläuft nun fast ganz so wie bei Khintchine [2] ausgeführt. Es tritt lediglich der Faktor $(2^{n-1})^{\nu}$ hinzu. Es wird die Summe rechts abgeschätzt, und es ergibt sich dann:

$$\mathfrak{M}\, Z_\nu\,(g) < \frac{(2^{n-1})^{\nu}\, 2^{\nu}}{g} \sum_{i=0}^{\nu-1} \frac{(\lg g)^i}{i!}$$

Nun setzt man $g = e^{A\nu}$, $A > 1$

$$\Rightarrow \mathfrak{M}\, Z_\nu\,(e^{A\nu}) < e^{-A\nu}\, 2^{n\nu} \sum_{i=0}^{\nu-1} \frac{(A\nu)^2}{i!} = e^{n\nu \lg 2 - \nu A} \sum_{i=0}^{\nu-1} \frac{(A\nu)^i}{i!} = \\ = e^{\nu\,(n \lg 2 - A)} \sum_{i=0}^{\nu-1} \frac{(A\nu)^i}{i!}$$

Man sieht, daß die Verallgemeinerung sich lediglich durch den Faktor n

vor dem lg 2 bemerkbar macht. Nun ist in der gewonnenen Summe jedes Glied kleiner als

$$\frac{(A\nu)^2}{\nu!}$$

und wir können weiter abschätzen

$$\mathfrak{M}\, Z_\nu(e^{A\nu}) < e^{\nu(n\lg 2 - A)}\, \nu\, \frac{(A\nu)^\nu}{\nu!}$$

und mit Hilfe der Stirlingschen Formel, wo jetzt C_1 und C_2 absolute Konstante bezeichnen, folgt:

$$\mathfrak{M}\, Z_\nu(e^{A\nu}) < C_1\, e^{\nu(n\lg 2 - A)}\, \frac{\nu(A\nu)^\nu}{\nu^\nu e^{-\nu}\sqrt{\nu}} < \tag{6.6}$$

$$< C_2 \sqrt{\nu}\, e^{-\nu(A - \lg A - n\lg 2 - 1)}$$

Ist nun A hinreichend groß, so ist

$$A - \lg A - n\lg 2 - 1 > 0 \tag{6.7}$$

und folglich $\mathfrak{M}\, Z_\nu(e^{A\nu})$ kleiner als das ν-te Glied einer konvergenten Reihe, das heißt $\sum\limits_{\nu=1}^{\infty} \mathfrak{M}\, Z_\nu(e^{A\nu})$ ist konvergent. Dann folgt, daß jedes $\alpha \varepsilon B^{(0)}$, mit Ausnahme einer Menge vom Maße Null, Element höchstens endlich vieler Mengen $Z_\nu(e^{A\nu})$ ist. Für fast alle $\alpha \varepsilon B^{(0)}$ gilt dann aber bei hinreichend großem ν:

$$k_n' \ldots k_n^{(\nu)} < e^{A\nu} \tag{6.8}$$

und da

$$\omega_{0n}^{(\nu+1)} < (n+1)\, \omega_{0n}^{(\nu)}\, k_n^{(\nu)}$$

daher dann

$$\omega_{0n}^{(\nu+1)} < (n+1)^\nu\, k_n' \ldots k_n^{(\nu)}$$

so gilt bei hinreichend großem ν für fast alle α

$$\omega_{0n}^{(\nu+1)} < (n+1)^\nu e^{A\nu} = e^{B\nu}$$

wo $B = A + \lg(n+1)$ gesetzt wurde.

Wir vermerken noch die einfache Folgerung aus dem Beweisgang: Die Menge aller $\alpha \varepsilon \omega^{(0)}$, für die gilt

$$k_i^{(\mu)} > e^A \text{ für alle } \mu$$

und irgendein i hat das Maß Null; denn dann ist

$$k_n^{(\mu)} > e^A \text{ für alle } \mu$$

und (6.8) nicht erfüllt.

§ 7. Jacobische Kettenbrüche als Volumsapproximation

Wie Perron zeigte, gilt

$$\lim_{\nu \to \infty} \frac{\omega_{in}^{(\nu)}}{\omega_{0n}^{(\nu)}} = \alpha_i$$

Es erhebt sich die Frage, wie gut diese Approximation in einem noch zu präzisierenden Sinn ist. Dazu verweise ich auf die gewöhnlichen Kettenbrüche. Hier gilt bekanntlich:

$$\left| \alpha - \frac{p_k}{q_k} \right| < \frac{1}{q_k^2}$$

Es wäre nun naheliegend, die n simultanen Differenzen $\left| \alpha_i - \frac{\omega_{in}^{(\nu)}}{\omega_{0n}^{(\nu)}} \right|$ zu betrachten und etwa — in Anlehnung an die Ergebnisse der Geometrie der Zahlen — zu vermuten

$$\left| \alpha i - \frac{\omega_{in}^{(\nu)}}{\omega_{0n}^{(\nu)}} \right| < \frac{C}{(\omega_{0n}^{(\nu)})^{\frac{n+1}{n}}}$$

Dies trifft jedoch nicht zu, wie in [1] an Hand eines Beispiels gezeigt wird. Die Approximation ist viel schlechter. Man muß sich daher um ein etwas anderes Maß der Approximation umsehen, und einem solchen seien die folgenden Überlegungen gewidmet.

Man betrachte wieder das n-tupel $\alpha = (\alpha_1, \ldots, \alpha_n)$ als Punkt im R^n und ferner n benachbarte Punkte mit rationalen Koordinaten. Dabei können wir verlangen, daß die Koordinaten eines solchen Punktes gemeinsamen Nenner haben:

$$\mathfrak{g}_1 = \left(\frac{p_{11}}{p_{01}}, \ldots, \frac{p_{n1}}{p_{01}} \right)$$

$$\cdots\cdots\cdots\cdots\cdots$$

$$\mathfrak{g}_n = \left(\frac{p_{1n}}{p_{0n}}, \ldots, \frac{p_{nn}}{p_{0n}} \right)$$

Betrachtet man nun die n Vektoren $\mathfrak{g}_j - \alpha$, so spannen sie ein kleines

Tetraeder auf, welches ich das Approximationstetraeder der $\mathfrak{g}_j$ nennen will. Dessen Volumen ist dann gegeben durch (der Index i repräsentiere den ganzen Vektor):

$$V = \frac{1}{n!}\det\left(\alpha_i - \frac{p_{i1}}{p_{01}}, \ldots, \alpha_i - \frac{p_{in}}{p_{0n}}\right) =$$

$$= \frac{\det(\alpha_i p_{01} - p_{i1}, \ldots, \alpha_i p_{0n} - p_{in})}{n!\, p_{01} p_{02} \ldots p_{0n}}$$

Die Determinante $\det(\alpha_i p_{01} - p_{\nu 1}, \ldots)$, deren Berechnung wesentlich ist, heiße Approximationsdeterminante. Und nun stellt sich heraus: nimmt man als n benachbarte Punkte des Punktes $\alpha = (\alpha_1, \ldots, \alpha_n)$ speziell n aufeinanderfolgende Näherungspunkte

$$\frac{\omega_{in}^{(\nu+1)}}{\omega_{0n}^{(\nu+1)}}, \frac{\omega_{in}^{(\nu+2)}}{\omega_{0n}^{(\nu+2)}}, \ldots\ldots, \frac{\omega_{in}^{(\nu+n)}}{\omega_{0n}^{(\nu+n)}}$$

des Jacobischen Algorithmus, so stellt das Volumen des dadurch aufgespannten Approximationstetraeders in gewisser Hinsicht eine Verallgemeinerung des Betrages $\left|\alpha - \frac{p_k}{q_k}\right|$ dar.

Zunächst will ich die Approximationsdeterminante dieses Tetraeders, gebildet aus den Punkten

$$\alpha_i, \frac{\omega_{in}^{(\nu+1)}}{\omega_{0n}^{(\nu+1)}}, \ldots\ldots, \frac{\omega_{in}^{(\nu+n)}}{\omega_{0n}^{(\nu+n)}}$$

(ich will dieses Tetraeder auch Jacobisches Approximationstetraeder nennen) berechnen:

$$\det(\alpha_i\, \omega_{0n}^{(\nu+1)} - \omega_{in}^{(\nu+1)}, \alpha_i\, \omega_{0n}^{(\nu+2)} - \omega_{in}^{(\nu+2)}, \ldots) =$$
$$= \det(\alpha_i\, \omega_{0n}^{(\nu+1)}, \alpha_i\, \omega_{0n}^{(\nu+2)} - \omega_{in}^{(\nu+2)}, \ldots) +$$
$$+ \det(-\omega_{in}^{(\nu+1)}, \alpha_i\, \omega_{0n}^{(\nu+2)} - \omega_{in}^{(\nu+2)}, \ldots) =$$

und nach n-maligem Aufspalten:

$$= \omega_{0n}^{(\nu+1)} \det(\alpha_i, -\omega_{in}^{(\nu+2)}, \ldots, -\omega_{in}^{(\nu+n)}) +$$
$$+ \omega_{0n}^{(\nu+2)} \det(-\omega_{in}^{(\nu+1)}, \alpha_i, \ldots, -\omega_{in}^{(\nu+2)}) +$$
$$\ldots\ldots\ldots\ldots\ldots\ldots\ldots\ldots\ldots\ldots\ldots\ldots$$
$$+ \omega_{0n}^{(\nu+n)} \det(-\omega_{in}^{(\nu+1)}, -\omega_{in}^{(\nu+2)}, \ldots, \alpha_i) +$$
$$+ \det(-\omega_{in}^{(\nu+1)}, -\omega_{in}^{(\nu+2)}, \ldots, -\omega_{in}^{(\nu+n)}) =$$

Nun setzt man

$$\alpha_i = \frac{\omega_{i0}^{(\nu+n)} + \ldots + \omega_{in}^{(\nu+n)}\,\alpha_n^{(\nu+n)}}{\omega_{00}^{(\nu+n)} + \ldots + \omega_{0n}^{(\nu+n)}\,\alpha_n^{(\nu+n)}}$$

Ferner gilt nach (1.4) durch wiederholte Anwendung:

$$\omega_{in}^{(\nu+k)} = \omega_{ik}^{(\nu+n)}$$

Dadurch erhält man überall den gleichen oberen Index $\nu + n$ und kann mit Hilfe der Rechenregeln für Determinanten umformen:

$$= \omega_{01}^{(\nu+n)} \det\left(\frac{\omega_{i0}^{(\nu+n)} + \ldots + \omega_{in}^{(\nu+n)}\,\alpha_n^{(\nu+n)}}{\omega_{00}^{(\nu+n)} + \ldots + \omega_{0n}^{(\nu+n)}\,\alpha_n^{(\nu+n)}}, \ldots, -\omega_{in}^{(\nu+n)}\right) +$$

$$\ldots\ldots\ldots\ldots\ldots\ldots\ldots\ldots\ldots\ldots\ldots\ldots\ldots\ldots\ldots$$

$$+ \omega_{0n}^{(\nu+n)} \det\left(-\omega_{i1}, \ldots, \frac{\omega_{i0}^{(\nu+n)} + \ldots + \omega_{in}^{(\nu+n)}\,\alpha_n^{(\nu+n)}}{\omega_{00}^{(\nu+n)} + \ldots + \omega_{0n}^{(\nu+n)}\,\alpha_n^{(\nu+n)}}\right) +$$

$$+ \det\left(-\omega_{i1}^{(\nu+n)}, \ldots, -\omega_{in}^{(\nu+n)}\right) =$$

$$= \frac{\omega_{01}^{(\nu+n)}}{\omega_{00}^{(\nu+n)} + \ldots + \omega_{0n}^{(\nu+n)}\,\alpha_n^{(\nu+n)}} \det\left(\omega_{i0}^{(\nu+n)} + \omega_{i1}^{(\nu+n)}\,\alpha_1^{(\nu+n)}, \ldots, -\omega_{in}^{(\nu+n)}\right) +$$

$$+ \ldots\ldots\ldots\ldots$$

$$+ \frac{\omega_{0n}^{(\nu+n)}}{\omega_{00}^{(\nu+n)} + \ldots + \omega_{0n}^{(\nu+n)}\,\alpha_n^{(\nu+n)}} \det\left(-\omega_{i1}^{(\nu+n)}, \ldots, \omega_{i0}^{(\nu+n)} + \omega_{in}^{(\nu+n)}\,\alpha_n\right) +$$

$$+ \det\left(-\omega_{i1}^{(\nu+n)}, \ldots, -\omega_{in}^{(\nu+n)}\right) =$$

Man spaltet die ersten n-Determinanten auf und ordnet um:

$$= \frac{\omega_{01}^{(\nu+n)}\,\alpha_1^{(\nu+n)}}{\omega_{00}^{(\nu+n)} + \ldots + \omega_{0n}^{(\nu+n)}\,\alpha_n^{(\nu+n)}} \det\left(\omega_{i1}^{(\nu+n)}, -\omega_{i2}^{(\nu+n)}, \ldots, -\omega_{in}^{(\nu+n)}\right) +$$

$$+ \ldots\ldots\ldots\ldots$$

$$+ \frac{\omega_{0n}^{(\nu+n)}\,\alpha_n^{(\nu+n)}}{\omega_{00}^{(\nu+n)} + \ldots + \omega_{0n}^{(\nu+n)}\,\alpha_n^{(\nu+n)}} \det\left(-\omega_{i1}^{(\nu+n)}, -\omega_{i2}^{(\nu+n)}, \ldots, \omega_{in}^{(\nu+n)}\right) +$$

$$+ \frac{\omega_{01}^{(\nu+n)}}{\omega_{00}^{(\nu+n)} + \ldots + \omega_{0n}^{(\nu+n)}\,\alpha_n^{(\nu+n)}} \det\left(\omega_{i0}^{(\nu+n)}, -\omega_{i2}^{(\nu+n)}, \ldots, -\omega_{in}^{(\nu+n)}\right) +$$

$$+ \ldots\ldots\ldots\ldots$$

$$+ \frac{\omega_{0n}^{(\nu+n)}}{\omega_{00}^{(\nu+n)} + \ldots + \omega_{0n}^{(\nu+n)}\,\alpha_n^{(\nu+n)}} \det\left(-\omega_{i1}^{(\nu+n)}, -\omega_{i2}^{(\nu+n)}, \ldots, \omega_{i0}^{(\nu+n)}\right) +$$

$$+ \det\left(-\omega_{i1}^{(\nu+n)}, -\omega_{i2}^{(\nu+n)}, \ldots, -\omega_{in}^{(\nu+n)}\right) =$$

man fügt zu den ersten n Summanden den Term

$$(-1)^{n-1} \frac{\omega_{00}^{(\nu+n)}}{\omega_{00}^{(\nu+n)} + \ldots + \omega_{0n}^{(\nu+n)} \alpha_n^{(\nu+n)}} \det(\omega_{i1}^{(\nu+n)}, \ldots, \omega_{in}^{(\nu+n)})$$

hinzu und sieht, daß dann deren Summe

$$(-1)^{n-1} \det(\omega_{i1}^{(\nu+n)}, \ldots, \omega_{in}^{(\nu+n)})$$

ergibt, was mit $\det(-\omega_{i1}^{(\nu+n)}, \ldots, -\omega_{in}^{(\nu+n)})$ zusammen genau Null ergibt; dafür muß man allerdings den Term

$$(-1)^{n} \frac{\omega_{00}^{(\nu+n)}}{\omega_{00}^{(\nu+n)} + \ldots + \omega_{0n}^{(\nu+n)} \alpha_n^{(\nu+n)}} \det(\omega_{i1}^{(\nu+n)}, \ldots, \omega_{in}^{(\nu+n)})$$

hinzufügen, und man erhält weiter

$$= (-1)^{n} \frac{\omega_{00}^{(\nu+n)}}{\omega_{00}^{(\nu+n)} + \ldots + \omega_{0n}^{(\nu+n)} \alpha_n^{(\nu+n)}} \det(\omega_{i1}^{(\nu+n)}, \ldots, \omega_{in}^{(\nu+n)}) +$$

$$+ \frac{\omega_{01}^{(\nu+n)}}{\omega_{00}^{(\nu+n)} + \ldots + \omega_{0n}^{(\nu+n)} \alpha_n^{(\nu+n)}} \det(\omega_{i0}^{(\nu+n)}, \ldots, -\omega_{in}^{(\nu+n)}) +$$

$$+ \ldots\ldots\ldots\ldots$$

$$+ \frac{\omega_{0n}^{(\nu+n)}}{\omega_{00}^{(\nu+n)} + \ldots + \omega_{0n}^{(\nu+n)} \alpha_n^{(\nu+n)}} \det(-\omega_{i1}^{(\nu+n)}, \ldots, \omega_{i0}^{(\nu+n)})$$

Man sieht sofort (siehe auch die ähnliche Rechnung in § 4), daß dies, vom gemeinsamen Nenner abgesehen, die Entwicklung von $\det \Omega^{(\nu+n)} = (-1)^{n(\nu+n)}$ nach der ersten Zeile ist, versehen mit dem Vorzeichen $(-1)^n$. Daraus erhalten wir ein erstes Resultat:

$$\Delta = |\det(\alpha_i \omega_{0n}^{(\nu+n)} - \omega_{in}^{(\nu+n)}, \ldots, \alpha_i \omega_{0n}^{(\nu+n)} - \omega_{in}^{(\nu+n)})| =$$

$$= \frac{1}{\omega_{00}^{(\nu+n)} + \ldots + \omega_{0n}^{(\nu+n)} \alpha_n^{(\nu+n)}} \tag{7.1}$$

Ich gebe gleich eine Abschätzung nach unten und oben. Wegen $k_i^{(\nu+n)} \leqslant \alpha_i^{(\nu+n)} \leqslant k_i^{(\nu+n)} + 1$ ist ersichtlich:

$$\begin{aligned} \omega_{0n}^{(\nu+n+1)} &= \omega_{00}^{(\nu+n)} + \ldots + \omega_{0n}^{(\nu+n)} k_n^{(\nu+n)} \leqslant \\ &\leqslant \omega_{00}^{(\nu+n)} + \ldots + \omega_{0n}^{(\nu+n)} \alpha_n^{(\nu+n)} < \\ &< \omega_{00}^{(\nu+n)} + \omega_{01}^{(\nu+n)} (k_1^{(\nu+n)} + 1) + \ldots + \omega_{0n}^{(\nu+n)} (k_n^{(\nu+n)} + 1) = \\ &= \omega_{01}^{(\nu+n)} + \omega_{02}^{(\nu+n)} + \ldots + \omega_{0n}^{(\nu+n)} + \omega_{0n}^{(\nu+n+1)} = \\ &= \omega_{0n}^{(\nu+1)} + \omega_{0n}^{(\nu+2)} + \ldots + \omega_{0n}^{(\nu+n)} + \omega_{0n}^{(\nu+n+1)} \end{aligned}$$

Dabei wurden zuletzt die Formeln (1.4) mehrfach angewendet. Wir erhalten dann aus (7.1):

$$\frac{1}{\omega_{0n}^{(\nu+n+1)} + \omega_{0n}^{(\nu+n)} + \ldots + \omega_{0n}^{(\nu+1)}} < \Delta \leqslant \frac{1}{\omega_{0n}^{(\nu+n+1)}} \tag{7.2}$$

Nun ist es ganz leicht, das Volumen des Jacobischen Approximationstetraeders anzugeben (man vergleiche für $n = 2$ Schmidt [4]):

$$V_J = \frac{1}{n!} \left| \det \left(\alpha_i - \frac{\omega_{in}^{(\nu+1)}}{\omega_{0n}^{(\nu+1)}}, \ldots, \alpha_i - \frac{\omega_{in}^{(\nu+n)}}{\omega_{0n}^{(\nu+n)}} \right) \right| =$$

$$= \frac{\Delta}{n!\, \omega_{0n}^{(\nu+1)} \ldots \omega_{0n}^{(\nu+n)}} = \frac{1}{n!\, \omega_{0n}^{(\nu+1)} \ldots \omega_{0n}^{(\nu+n)}} \cdot$$

$$\cdot \frac{1}{\omega_{00}^{(\nu+n)} + \ldots + \omega_{0n}^{(\nu+n)} \alpha_n^{(\nu+n)}}$$

Und es gilt die Abschätzung:

$$\frac{1}{n!\, \omega_{0n}^{(\nu+1)} \ldots \omega_{0n}^{(\nu+n)} (\omega_{0n}^{(\nu+1)} + \ldots + \omega_{0n}^{(\nu+n+1)})} <$$

$$< V_J \leqslant \frac{1}{n!\, \omega_{0n}^{(\nu+1)} \ldots \omega_{0n}^{(\nu+n)}\, \omega_{0n}^{(\nu+n+1)}} \tag{7.3}$$

Dies kann man wegen $\omega_{in}^{(\nu+k)} = \omega_{ik}^{(\nu+n)}$ wiederum schreiben in der Form:

$$\frac{1}{n!\, \omega_{01}^{(\nu+n)} \ldots \omega_{0n}^{(\nu+n)} (\omega_{01}^{(\nu+n)} + \ldots + \omega_{0n}^{(\nu+n+1)})} <$$

$$< V_J \leqslant \frac{1}{n!\, \omega_{01}^{(\nu+n)} \ldots \omega_{0n}^{(\nu+n)}\, \omega_{0n}^{(\nu+n+1)}} \tag{7.4}$$

Dies ist ein Analogon zu dem Ergebnis der Theorie der gewöhnlichen Kettenbrüche, welches tatsächlich aus (7.3) für $n = 1$ wieder herauskommt, nämlich:

$$\frac{1}{q_n (q_n + q_{n+1})} < \left| \alpha - \frac{p_n}{q_n} \right| \leqslant \frac{1}{q_n\, q_{n+1}}$$

So wie in diesem Fall wegen $q_{n+1} > q_n$ sofort

$$\left| \alpha - \frac{p_n}{q_n} \right| < \frac{1}{q_n^2}$$

folgt, erhält man auch aus (7.4) ein ähnliches Ergebnis mit $\omega_{0n}^{(\nu+n+1)} > > \omega_{0n}^{(\nu+n)}$:

$$V_J < \frac{1}{n!\,\omega_{01}^{(\nu+n)} \ldots \omega_{0n-1}^{(\nu+n)} (\omega_{0n}^{(\nu+n)})^2} \tag{7.5}$$

(7.5) gilt für alle $\alpha \varepsilon B^{(0)}$. Sogenannte beste Konstante sind meines Wissens außer für den einfachsten Fall $n = 1$, wo das Problem durch die Markoffsche Theorie (siehe etwa [5], Chapter 2) weitgehend untersucht ist, nur noch für den Fall $n = 2$ bekannt (siehe [4]). (Gemeint ist die Frage, ob man die Konstante $\frac{1}{n!}$ für alle α oder eine bestimmte Klasse von α durch eine kleinere Konstante ersetzen kann.)

Es gilt nun der folgende Satz, der für fast alle α eine Verbesserung von (7.5) liefert:

Satz 8. Sei $f(x)$ eine positive stetige Funktion der positiven Variablen x derart, daß $xf(x)$ nicht zunehmend ist. Es gilt dann für fast alle α:
Die Ungleichung

$$V_J < \frac{f(\omega_{0n}^{(\nu+n)})}{n!\,\omega_{01}^{(\nu+n)} \ldots \omega_{0n}^{(\nu+n)}} \tag{7.6}$$

wird für unendlich viele ν erfüllt, sofern

$$\int_0^\infty f(x)\,dx \tag{7.7}$$

divergiert.

Beweis: Das Integral (7.7) möge divergieren. Setzt man $\varphi(x) = e^{Bx} f(e^{Bx})$, wo B nach Satz 7 bestimmt ist, so wächst das Integral

$$\int_a^A \varphi(x)\,dx = \frac{1}{B}\int_{Ba}^{BA} f(n)\,dn$$

in dem $A > a > 0$ ist, für $A \to \infty$ unbegrenzt. Da $\varphi(x)$ nicht zunimmt, ist $\sum_{i=1}^{\infty} \varphi(i)$ divergent. Nach Satz 5 gilt dann:

$$k_n^{\nu(+n)} \geq \frac{1}{\varphi(\nu + n - 1)}$$

ist fast überall für unendlich viele ν-Werte erfüllt. Da nun ferner

$$\omega_{0n}^{(\nu+n+1)} = \omega_{00}^{(\nu+n)} + \ldots + \omega_{0n}^{(\nu+n)} k_n^{(\nu+n)} \geqslant \omega_{0n}^{(\nu+n)} k_n^{(\nu+n)}$$

ist weiter

$$V_J = \frac{1}{n!} \left| \det \left(\alpha_i - \frac{\omega_{in}^{(\nu+1)}}{\omega_{0n}^{(\nu+1)}}, \ldots, \alpha_i - \frac{\omega_{in}^{(\nu+n)}}{\omega_{0n}^{(\nu+n)}} \right) \right| \leqslant$$

$$\leqslant \frac{1}{n!} \cdot \frac{1}{\omega_{01}^{(\nu+n)} \ldots \omega_{0n}^{(\nu+n)} \omega_{0n}^{(\nu+n+1)}} \leqslant \tag{7.8}$$

$$\leqslant \frac{1}{n!\, \omega_{01}^{(\nu+n)} \ldots (\omega_{0n}^{(\nu+n)})^2 k_n^{(\nu+n)}} \leqslant \frac{\varphi(\nu+n-1)}{n!\, \omega_{01}^{(\nu+n)} \ldots (\omega_{0n}^{(\nu+n)})^2}$$

Nach Satz 7 gilt nun bei hinreichend großem ν fast überall

$$\omega_{0n}^{(\nu)} < e^{B(\nu-1)}$$

woraus folgt

$$\nu + n - 1 > \frac{\lg \omega_{0n}^{(\nu+n)}}{B}$$

Bei hinreichend großem ν entsteht dann aus vorhergehender Abschätzung

$$V_J \leqslant \frac{\varphi(B^{-1} \lg \omega_{0n}^{(\nu+n)})}{n!\, \omega_{01}^{(\nu+n)} \ldots \omega_{0n}^{(\nu+n)}} = \frac{f(\omega_{0n}^{(\nu+n)})}{n!\, \omega_{01}^{(\nu+n)} \ldots \omega_{0n}^{(\nu+n)}}$$

Diese Ungleichung ist somit fast überall für unendlich viele ν-Werte erfüllt.

Literatur

[1] Perron, Grundlagen für eine Theorie des Jacobischen Kettenbruchalgorithmus, Math. Ann. 64 (1907), 1ff.

[2] Khintchine, Kettenbrüche, Leipzig, Teubner 1956.

[3] Jacobi, Allgemeine Theorie der kettenbruchähnlichen Algorithmen etc. Publ. von Heine, Journ. f. d. reine und angewandte Mathematik 69.

[4] W. Schmidt, Flächenapproximation beim Jacobialgorithmus, Math. Ann. 136 (1958), 365–374.

[5] Cassels, An Introduction to Diophantine Approximation, Cambridge Tracts No. 45, Cambridge 1957.

Druck von Adolf Holzhausens Nfg., Universitätsbuchdrucker, Wien

Die in den Sitzungsberichten Abt. I und Abt. II der math.-nat. Klasse der Österr. Akad. d. Wiss. erscheinenden Abhandlungen werden auch einzeln abgegeben. Sie können durch jede Buchhandlung oder direkt durch die Auslieferungsstelle der Österreichischen Akademie der Wissenschaften (Wien I, Singerstraße 12) bezogen werden.

Nachfolgende Abhandlungen aus den Fächern Meteorologie und Geophysik sind erschienen:

1951 (S IIa, Bd. 160):

Hoinkes H.: Über Nordföhnerscheinungen nördlich des Alpenhauptkammes (mit 13 Abbildungen) 23 Seiten. S 7.—

1952 (S IIa, Bd. 161):

Untersteiner N.: Über Schwankungen der barometrischen Mitteltemperatur an einem tropischen Stationspaar (mit 2 Abbildungen), 11 Seiten. S 9.—

1953 (S IIa, Bd. 162):

Schwarzacher W., Untersteiner N.: Zum Problem der Bänderung der Gletschereises (mit 14 Abbildungen). S 23.40

1955 (S II, Bd. 164):

Ambach W.: Über die Strahlungsdurchlässigkeit des Gletschereises (mit 4 Abbildungen). S 7.—

Dirmhirn Inge: Über Strahlungsmessungen auf einer Reise durch Norwegen (mit 2 Abbildungen). S 12.50

GPSR Compliance
The European Union's (EU) General Product Safety Regulation (GPSR) is a set of rules that requires consumer products to be safe and our obligations to ensure this.

If you have any concerns about our products, you can contact us on

ProductSafety@springernature.com

In case Publisher is established outside the EU, the EU authorized representative is:

Springer Nature Customer Service Center GmbH
Europaplatz 3
69115 Heidelberg, Germany

www.ingramcontent.com/pod-product-compliance
Ingram Content Group UK Ltd.
Pitfield, Milton Keynes, MK11 3LW, UK
UKHW022233230426
12048UKWH00017BA/1225
9783662236482